U0695183

陆俭明精选集

陆俭明 ◎ 著

人民日报出版社

北京

图书在版编目（CIP）数据

陆俭明精选集 / 陆俭明著 . — 北京：人民日报出版社，2024.6
ISBN 978-7-5115-8303-1

Ⅰ . ①陆… Ⅱ . ①陆… Ⅲ . ①汉语—语言学—文集 Ⅳ . ① H1-53

中国国家版本馆 CIP 数据核字（2024）第 104283 号

书　　名：陆俭明精选集
　　　　　LU JIANMING JINGXUAN JI
作　　者：陆俭明

出 版 人：刘华新
策 划 人：欧阳辉
责任编辑：谢广灼
装帧设计：新成博创
　　　　　XIN CHENG BO CHUANG

出版发行：人民日报出版社
社　　址：北京金台西路 2 号
邮政编码：100733
发行热线：（010）65369509　65369527　65369846　65363528
邮购热线：（010）65369530　65363527
编辑热线：（010）65369521
网　　址：www.peopledailypress.com
经　　销：新华书店
印　　刷：北京盛通印刷股份有限公司
法律顾问：北京科宇律师事务所　（010）83622312

开　　本：710mm×1000mm　　1/16
字　　数：210 千字
印　　张：19.5
版次印次：2024 年 8 月第 1 版　　2024 年 8 月第 1 次印刷

书　　号：ISBN 978-7-5115-8303-1
定　　价：78.00 元

更充分地发挥语言桥梁作用

　　为深入贯彻落实党的二十大精神，深刻把握"两个结合"的重大意义，加大国家通用语言文字推广力度，在教育部语言文字应用管理司指导下，国家语言文字推广基地（北京大学）和教育部语言文字应用研究所联合举办了《汉语拼音方案》颁布65周年纪念暨学术研讨会。

　　65年来，《汉语拼音方案》在推广普及国家通用语言文字，提高语文教育和国际中文教育质量，助力国家经济社会发展，推进中国式现代化建设，深化中外人文交流互鉴等诸多方面，都发挥了不容忽视的积极作用。

　　新中国刚成立时百废待兴，全国5.4亿人口中，文盲占比80%。为迅速提升人民群众文化水平，党和政府尤为重视教育普及工作，提出"汉语拼音方案采用拉丁字母比较适宜"。专家按拉丁化原则设计了多个汉语拼音方案，经反复讨论修改，初步形成了《汉语拼音方案（草案）》。1958年2月，第一届全国人民代表大会第五次会议批准颁布了《汉语拼音方案》。

《汉语拼音方案》颁布以后，在国内得到迅速推广和应用。首先用于给汉字注音，以利于扫盲、语文教学和推广普通话，同时用于字典词典的注音、排序和书刊的索引，并作为我国少数民族创制和改革文字的共同基础。《新华字典》1959 年版率先全方位采用汉语拼音：用汉语拼音给每个字头注音，用汉语拼音排序，提高了字典在扫盲和语文教学中的效用。随即，在全国范围内开展了运用汉语拼音的扫盲运动，"注音识字法"成为扫盲最重要的手段，有力地推动人民群众文化水平的提高。

汉语拼音的使用也助推汉语稳步走向世界。《汉语拼音方案》确保了汉语拼音不仅能在国内广泛应用，而且便于国际交流与应用。20 世纪 70 年代末，汉语拼音开始走上国际舞台。1979 年，联合国秘书处发出通知，以汉语拼音的拼法作为各种拉丁字母文字转写中国人名和地名的国际标准；1982 年，国际标准化组织发布国际标准《文献工作——中文罗马字母拼写法》文件。从此，汉语拼音逐步由国内标准变为国际标准，广泛通行于各国。

进入 21 世纪，人类步入信息时代，语言文字的重要性特别是语言文字标准化、信息化要求日益凸显。为适应时代需要，又由我国主导修订，形成了新的《信息与文献——中文罗马字母拼写法》。这一标准主要应用于世界各国图书馆、博物馆、国际机构中有关中国人名地名的拼写、图书编目、信息与文献的排序检索等。修订后的标准更加符合信息时代发展的需要，更具科学性和实用性，其适用范围和所起作用更大，对世界范围内的中文信息处理与交换、中华文化走出去具有重要推动作用。

蓬勃开展的国际中文教育，印证了汉语拼音这一拼写和注音工具的生命力。汉语第二语言教学实践表明，《汉语拼音方案》是学生识读汉字、学习汉语普通话的重要工具，在国际中文教育领域获得普遍认可。在中文教学质量评估中，教师的汉语拼音教学、学生的汉语拼音学习与掌握，历来都被列为评估检测的第一项内容。在与世界沟通方面，汉语拼音的应用前景和创新空间依然很大。语言具有情感性，开展国际中文教育实质上也是为国际社会情感沟通奠定语言基础。《汉语拼音方案》作为汉语拼写和注音工具，能够为构建人类命运共同体、推进"一带一路"建设铺就语言之路。

汉语拼音是中国的，也是世界的。愿我们共同努力，让汉语拼音更适应中国式现代化需要，更充分地发挥语言桥梁作用，传播好中国声音。

汉语拼音将在构建人类命运共同体中发挥作用

汉语拼音不是除汉字之外另一种在书面上记录汉语的拼音文字。这一点必须明确。在《汉语拼音方案》制订初期曾有过这种期望与主张，但最后被否决了。因此，中华人民共和国第一届全国人民代表大会第五次会议《关于汉语拼音方案的决议》（1958年2月11日第一届全国人民代表大会第五次会议通过）中就明确指出，"汉语拼音方案作为帮助学习汉字和推广普通话的工具"。而《中华人民共和国国家通用语言文字法》第十八条又明确规定："国家通用语言文字以《汉语拼音方案》作为拼写和注音工具。"这从法律上进一步确定了汉语拼音的性质。而作为汉语的注音工具，今后《汉语拼音方案》将进一步发挥它的作用，特别是将在"构建人类命运共同体"过程中作出它的贡献。

"人类命运共同体"这一概念是在党的十八大报告中提出来的，报告明确指出，"要倡导人类命运共同体意识，在追求本国利益时兼顾他国合理关切，在谋求本国发展中促进各国共同发展"。而首先向国际社会提出这一方案的是习近平主席——2015年9月28日，习近平主席出席第七十届联合国大会，在一般性辩论时的讲话中首先提出了"携手构建合作共赢新伙伴，同心打造人类命运共同体"的呼吁。2016年11月21日，习近平主席在秘鲁国会的演讲中再次提出"我们要顺势而为，推动构建以合作共赢为核心的新型国际关系，打造人类命运共同体"的主张。2017年1月18日，习近平主席在联合国日内瓦总部的主旨演讲中正式明确提出："让和平的薪火代代相传，让发展的动力源源不断，让文明的光芒熠熠生辉，是各国人民的期待，也是我们这一代政治家应有的担当。中国方案是：构建人类命运共同体，实现共赢共享。"

中国向世界提出"构建人类命运共同体"构想是有时代背景的。大家知道，20世纪90年代"冷战"结束之后，国际形势剧烈变动，国际力量重新组合，国际政治、经济秩序不断发生变化，当时国际社会提出了"世界向何处去"的问题。在联合国的支持下，1992年成立了由28位国际知名人士发起组成的"全球治理委员会"（Commission on Global Governance）。1995年，该委员会于联合国成立50周年之际发表了《天涯成比邻》的报告，初步阐述了"全球治理"的概念与价值，在国际上引起了极大的反响。但大家在"能否进行'全球治理'""如何进行'全球治理'"这两大问题上众说纷纭。有积极支持的，认为这是挽救人类、世界发展的必由之路；有坚决反对的，认为这"完全是天真"的不可能实现的想法。因此讨论一度"陷入缺乏深度治理机制的危机"。①
正是在这样的背景下，我们向世界提出了"全球治理"的"中国
方案"。这是我国继 2013 年提出"一带一路"倡议之后所提出的
又一个具有人类历史意义的伟大构想。

"人类命运共同体"，七个字三个关键词，那就是"人类""命
运""共同体"。人类命运共同体与一般意义上的"人类社会"不
同。一般意义上的人类社会是人类政治关系的表征，它是依赖权
力、法律、制度等选择性意志所形成的。人类命运共同体则是
人类出于本质意志的有机集合体，是与人类命运相联系的一种
内在的、共同的精神组合。"世界各国人民都生活在同一片蓝天
下、拥有同一个家园，应该是一家人"②，"地球孕育了人类，是
人类共同的家园。人类在地球不同地域繁衍发展，创造了不同
社会、文明与文化"③。"人类生活在同一个地球村，各国日益相
互依存、命运与共，越来越成为你中有我、我中有你的命运共
同体"④。在"构建人类命运共同体"的理念中，实际包含了四种
观念：

一是国际相互依存观。以往，人类社会不同国家之间、国家

① 张胜军：《为一个更加公正的世界而努力——全球深度治理的目标与前景》，《中国治理评论》2013 年第 1 期。
② 《习近平在中国共产党与世界政党高层对话会上的主旨讲话》，《人民日报》2017 年 12 月 2 日第 2 版。
③ 参见《党的十九大报告学习辅导百问》第 29 问，党建读物出版社 2017 年版，第 62 页。
④ 杨洁篪：《推动构建人类命运共同体》，《人民日报》2021 年 11 月 26 日第 6 版。

集团之间为争夺国际权力不断发生战争与冲突，可是发展至今天，随着人类进入信息时代以及经济全球化深入发展，资本、技术、信息、人才的跨国流动不可阻挡。国家之间逐渐处于一种相互依存的状态，一国的经济目标能否实现与别国的经济波动有重大关联。任何地区爆发金融危机都会产生"蝴蝶效应"，立刻危及世界各国。各国在相互依存中已逐渐形成了一种利益纽带，要实现自身利益就必须维护这种纽带。国家之间的权力分配未必要像过去那样通过战争等极端手段来实现，国家之间在经济上的相互依存有助于国际形势的缓和，各国可以通过国际体系和机制来维持、规范相互依存的关系，从而维护共同利益。

二是共同利益观。在当今时代，全球化的信息传导机制使各国利益高度交融，以至不同国家都成了一个共同利益链条上的一环——在全球的利益中含有自己一份，一个国家采取有利于全球利益举措的同时，实际也为自己的国家利益服务。

三是可持续发展观。英国工业革命以后，人类都竭尽全力想方设法开发和利用自然资源，这使人的能力得到了极大提高，但同时带来了两大问题：一是造成严重的环境污染，进而影响人类生存；二是自然资源逐渐减少乃至枯竭。人类要生存，各国就必须实现可持续发展，而如何持续发展，成了世界上每个国家都必须考虑的问题。要解决这个问题，确保持续发展，不是靠某个国家或少数国家的努力所能达到的。

四是全球治理观。任何全球性问题，如气候问题、环保问题、反恐问题、疾病流行问题、跨国犯罪问题以及全球性金融危机问题等，要想得到解决，世界各国必须强化国际规范和国际机制，以形成一个由政府、政府间组织、非政府组织、跨国公司等共同参与和互动的，具有机制约束力和道德规范力的，能够解决全球性问题的"全球机制"。

国际相互依存观、共同利益观、可持续发展观和全球治理观，为构建人类命运共同体提供了基本的价值观基础。中国提出"构建人类命运共同体"的构想，实际是向世界提出了一种超越种族、超越文化、超越国家、超越意识形态界限的和谐世界观，并倡导世界各国不论大小，都能团结互信，同舟共济，权责共担，合作共赢、共同发展。众所周知，"一带一路"倡议的核心内容是秉持"和平合作、开放包容、互学互鉴、互利共赢"的共同发展理念，坚持"共商、共建、共享"的原则，共同打造"政治互信、经济融合、文化包容"的利益共同体、责任共同体和命运共同体。为达到此目的，国与国之间要实现"五通"——"政策沟通，设施联通，贸易畅通，资金融通，民心相通"。显然，"构建人类命运共同体"的构想与"一带一路"倡议是一脉相承的，这无疑为人类发展提出了一条和平之路、繁荣之路、开放之路、创新之路、文明之路，以建设持久和平、普遍安全、共同繁荣、开放包容、清洁美丽的世界。中国"构建人类命运共同体"的构想一提出就受到国际社会的广泛关注，并获得大多数国家的赞同和支持。2017年2月10日，联合国社会发展委员会第五十五届会议通过"非洲发展新伙伴关系的社会层面"决议，呼吁国际社会本着合作共赢和构建人类命运共同体的精神，加强对非洲经济社会发展的支持。这是联合国首次将"构建人类命运共同体"理念写入联合国决议，体现了这一理念已经得到广大会员国的普遍认同，也彰显了中国对全球治理的巨大贡献。

"一带一路"建设需要语言铺路，同样，"人类命运共同体"建设也需要语言铺路，也需要语言作为打开沟通理解之门的钥匙，作为促进文明交流互鉴的纽带。对我们来说，开展好汉语教学（包括对外汉语教学、汉语国际教育和华文教学）无疑将为"人类命运共同体"的建设作出我们的贡献。这里我们特别要了解这样一点：我们开展汉语教学实质上是开展"'国际理解教育'"，"造就国际社会情感沟通"。[①] 因此开展好汉语教学，确保汉语健康、稳步地走向世界，无疑会为构建人类命运共同体事业作出贡献。

汉语拼音在以往的汉语教学中已发挥了很好的作用。我们看到，半个多世纪以来，在汉语教学中，从开始到现在都始终坚持使用普通话、规范字和汉语拼音，这为汉语教学奠定了良好的基础，极大地推进了汉语教学的发展，获得了较理想的教学效果。不管是哪一个层次上的外国汉语学习者，汉语语音学习是整个汉语学习和华语学习的基础，也可以说是外国学习者学习汉语，华侨、华裔学生学习华语所要跨越的第一道门槛。作为记录汉语的方块汉字，从本质上说是一种表意的视觉文字，而不是听觉文字。它本身的表音性能很低，外国学生没法从一个个汉字字形上

---

① 胡范铸，陈佳璇，张虹倩：《目标设定、路径选择、队伍建设：新时代汉语国际教育的重新认识》，《世界汉语教学》2018 年第 1 期。

去获得准确的汉语读音，因此，在帮助外国学生跨过汉语语音这第一道门槛的教学过程中，汉语拼音成了汉语教师进行汉语语音教学的好帮手。正如严美华所指出的："《汉语拼音方案》是教师对学生进行音、调训练的重要依据，是学生识读汉字、学习汉语普通话的重要工具；始终贯穿于对外汉语教学的实践中，以其为基础，逐渐形成了一系列成熟的、可行的语音系列教学法，在世界汉语教学领域得到了普遍的认可和推广。"因此，在汉语教学质量评估中，教师的汉语拼音教学、学生的汉语拼音学习与掌握，历来都被列为评估检测的第一项内容。而德国汉学家柯彼德对汉语拼音在汉语教学中的作用更是做了全面的说明。他指出，对学习和运用汉语的外国人来说，汉语拼音在汉语教材中发挥着多方面的功能：

（1）在初级阶段帮助学生训练和掌握汉语语音系统，并标出汉字的正确发音。

（2）以汉语拼音为基础的汉语语法教学有着许多优点：它能不受汉字的干扰，开门见山地显示出汉语本身的各种语法形式与结构，比如注意到分写、连写的规则，学生则可以比较容易地理解"词"这个基本词汇和语法单位，另外也可以更容易地分析出词与词之间的各种语法关系。

（3）学习生词时，汉语拼音也能提供汉字所不能提供的信息，如分词连写、标调不标调、某些多音字的读音等。

（4）用拼音查词典和辞书与只采用部首查字法相比简便易用。

（5）听写时，在汉字不清楚或者时间短促的情况下，如在电话中听到的中国名字，或者暂且写不出某一概念的汉字，便可以首先用汉语拼音记录下来，然后再慢慢地查出相应的汉字。

（6）电脑输入中文的时候，汉语拼音输入法是最快、最方便、最有效的方法。

（7）对外国学习者来说，汉语拼音早已超出其作为辅助工具的作用，相当于一般有交际作用的文字。比如，可以与同学或老师用汉语拼音进行书面交际，也可以只用汉语拼音发 e-mail 给没有中文软件的人。

上述看法无疑是柯彼德教授多年来在德国进行汉语教学实践的经验之谈。

很显然，今后在汉语教学中，我们一方面要继续坚持使用普通话、规范字、汉语拼音，另一方面必须加强汉语教学的基础性研究，其中之一，就是在汉语拼音教学向汉字教学的转变过程中，汉语教师应如何尽快帮助学生克服对汉语拼音的依赖。而上述问题的解决，除了要进一步研究、改进汉字教学，研究、设计新的汉字教学方案之外，必须研究如何使汉语拼音既有利于西方汉语学习者学习汉语口语，又有利于他们学习汉字、学习汉语书面语，从而使汉语教学的质量不断提高，确保汉语走向世界。由此可知，汉语拼音将在人类命运共同体建设中发挥它的作用。

汉语拼音是中国的，也是世界的

值此《汉语拼音方案》颁布 60 周年之际，我们需要作一简要回顾，同时展望汉语拼音在未来的作用，特别是在构建人类命运共同体中的作用。

《汉语拼音方案》的研制具有深厚的历史渊源和广泛的群众基础。它的诞生是中国文字改革史上的一个里程碑。《汉语拼音方案》的三条原则——口语化、音素化、拉丁化，确保了汉语拼音不但能在国内广泛应用，也便于国际交流与应用。

1958 年颁布以后，《汉语拼音方案》在国内迅速推广和应用。不仅用于给汉字注音，以利于扫盲、语文教学和推广普通话；同时用于字典、词典的注音、排序，用于书刊的索引；并作为我国少数民族创制和改革文字的共同基础。而在中文信息处理领域几乎同步有效地使用汉语拼音输入法解决了"字处理"问题。

《汉语拼音方案》是中国的，也是世界的。1977 年，汉语拼音开始走上国际舞台，逐步由国内标准变为国际标准。进入 21 世纪，由我国主导修订的《信息与文献——中文罗马字母拼写法》国际标准于 2015 年 12 月 15 日向全世界公布。修订后的标准更加符合信息时代的需要，更具科学性和实用性，对世界范围内的中文信息处理与交换、对中华文化走出去具有重要推动作用。

今后，汉语拼音将进一步发挥作用，特别是在构建人类命运共同体中作出贡献。

"一带一路"建设需要语言铺路，同样，构建人类命运共同体也需要语言铺路。开展汉语教学实质上是"开展'国际理解教育'"，"造就国际社会情感的沟通"。因此，开展好汉语教学，无疑会为构建人类命运共同体作出贡献。

半个多世纪以来，汉语教学始终坚持使用普通话、规范字和汉语拼音，这为汉语教学奠定了良好基础，极大地推进了汉语教学，获得了较理想的教学效果。

众所周知，不管是哪一个层次上的外国汉语学习者，汉语语音学习是汉语学习的基础，也可以说是外国汉语学习者学习掌握汉语，华侨华裔学生学习华语要跨越的第一道门槛。然而，由于作为记录汉语的方块汉字，从本质上说是一种表意的视觉文字，不是听觉文字，它本身表音性能很低，外国学生没法从一个个汉字字形上去获得准确的汉语读音。这样，在跨过汉语语音这第一道门槛的教学过程中，汉语拼音成了汉语学习的好帮手。多年在德国进行汉语教学实践的汉学家柯彼德教授就认为："对学习和运用汉语的外国人来说，汉语拼音发挥着多方面的功能。"

为使汉语拼音在人类命运共同体建设中发挥作用，今后的汉语教学，一方面要继续坚持使用普通话、规范字、汉语拼音，另一方面必须加强汉语教学的基础研究，其中之一，就是在由汉语拼音教学向汉字教学过渡的过程中如何尽快帮助学生克服对汉语拼音的依赖性。而上述问题的解决，除了要进一步改进汉字教学，设计新的汉字教学方案之外，必须研究如何使汉语拼音既有利于汉语学习者学习汉语口语，又能有利于他们学习汉字和汉语书面语，从而使汉语走向世界。

加大中华文化海外传播力度

　　我国既拥有博大精深的传统文化，又拥有多姿多彩的现代文化。当前，中华文化需要进一步融入世界多元文化的大家庭，世界各国也越来越希望深入了解中华文化。可以说，推动中华文化海外传播、提升中华文化的世界影响力，已成为实现中华民族伟大复兴中国梦的重要组成部分。

　　文化的含义很广泛，中华文化到底包括哪些内容、应该如何科学分类，不同的人有不同的看法。从海外传播的视角，我们可以将中华文化分为"硬文化"和"软文化"。"硬文化"主要是指反映各方面生活的有形文化，包括旅游文化、服饰文化、习俗文化、汉字文化等。"软文化"主要是指反映精神风貌的无形文化，包括心态文化、思维文化、艺术文化等。"硬文化"的海外传播，主要是通过其固定性、形态性来吸引其他国家民众了解、认识、欣赏中华文化。比如，很多国外民众对中国功夫很感兴趣，加强中国功夫文化的海外传播，能够增强国外民众对中华文化的向往。"软文化"的海外传播，主要是希望增进其他国家民众对我们民族精神、伦理道德、核心价值观、思维方式等的了解、理解和尊重。

当前，"硬文化"的海外传播渠道比较多，可以依靠政府或民间的国际文化交流活动进行，如举办各种文化展览和文化博览会、开展文化互访演出活动等。也可以通过沟通协调，在其他国家国民教育中设置中文课程。此外，还可以通过各个国家的汉学家、中文翻译人员将中华文化推荐给其本国民众。那么，"软文化"的传播渠道应该如何拓展呢？实践证明，"软文化"与"硬文化"应紧密结合，在进行"硬文化"传播时善于传播我们的民族精神、伦理道德、核心价值观、思维方式等。例如，在开展汉语教学时，可以适当融入反映中华传统文化精髓、当代中国人核心价值观和伦理道德的内容。把"软文化"传播寓于"硬文化"传播之中，不仅可以拓展"软文化"传播的渠道，而且能收到事半功倍的效果。

无论是"硬文化"还是"软文化"的海外传播，要想真正取得实效，需要考虑四个方面的因素。一是其他国家对中华文化的需求。这包括其他国家发展的需求、其他国家民众精神生活的需求等。如果有强烈的需求，他们就会积极主动地了解和学习中华文化，有选择地加以吸收借鉴。二是文化本身对其他国家民众的吸引力、感染力。意大利的但丁、英国的莎士比亚、法国的巴尔扎克等人的文学作品，意大利的达·芬奇、荷兰的凡·高、西班牙的毕加索等人的绘画作品，德国的贝多芬、俄国的柴可夫斯基等人的音乐作品，这些优秀作品之所以能脍炙人口、传遍世界各国，靠的就是超越民族、超越国界的艺术魅力。三是文化传播者的良好形象。常言道："自尊者人尊，自重者人重，自敬者人敬。"要想让中华文化更好融入世界多元文化大家庭，提升中华文化的吸引力，必须深入思考文化传播者的形象问题。外派外访的国家工作人员、汉语教师，以及自费出访的中国公民（包括旅游者），都是中华文化的形象大使，都是中华文化的窗口与镜子，其言谈举止直接关系中华文化的吸引力。四是文化传播者的良好心态。文化很难强加于人。推动中华文化海外传播，传播者要有良好心态，必须尊重文化多样性，认识到各种文化各有千秋，没有高低优劣之分。在中华文化海外传播过程中，决不能贬损其他文化。要通过中华文化的海外传播，让世界各国民众体会到中国尊重世界各民族文化，愿意与不同文化进行交流互鉴，从而树立和维护中国的良好形象。

语文教育的一个目标是培养语感

关于语文教育的任务，以下三项似得到大家的认可：一是帮助学生学习、掌握好汉语书面语，以逐步培养与提高学生全面综合的语文素养与能力。二是让学生获得一定的文学素养，并逐步养成以健康的审美情趣和文化品位来鉴赏文学艺术作品。三是使学生不断受到真善美的教育与熏陶。

这三项任务最后是否完成，其衡量的标尺具体在阅读与写作两方面。阅读包括读和听，这是"输入"，要能达到不断增长新知，不断提高鉴赏力，不断接受真善美的效果。写作包括写和说，这是"输出"，文字和话语要能达到文从字顺、言之有物、条理清晰、言简意赅、得体到位。

怎样才能使学生具有这样"输入""输出"的能力？

我们考虑，其前提条件是对汉语特别是汉语书面语有丰富的语感。因为，只有掌握了书面语，孩子才能不断地接受包括历史文化、科学技术和思想品行在内的高素质教育。

千万别小看语感。一个熟练的驾驶员在开车，特别是超车、并线时靠的是车感；20世纪60年代我国乒乓球队的"智多星"徐寅生先生曾说，一个乒乓球运动员，面对对方凶狠的来球，该如何回击，容不得你思考，靠的是球感；世界围棋冠军、我国棋手柯洁在一次关于"阿尔法狗"对弈问题的访谈中说，真正的高手在关键时刻靠的不是计算，而是棋感。

在语文素养上，能自如地、高水平地"输入"与"输出"，靠的是语感——凭语感能感知说话、文字之高下好坏；能不但知其然还知其所以然；能知道如何纠错；能知道如何画龙点睛……这种语感并不是主观揣摩，而是对语言感性认识与理性认识的结合。语文教育的目标，应该定在培养学生对汉语特别是对汉语书面语的丰富语感上。

车感、球感、棋感，都不是凭空得来的，更不是天生的，都是刻苦用心练出来的。那么语感呢？也得用心练才练得出来。具体说，就是要大量阅读、大声朗读，要适量背诵，要勤于动笔，在老师指导下从模仿写作到有创意的写作。没有别的捷径。

杜甫说："读书破万卷，下笔如有神。"黄庭坚的岳父孙莘老就写文章之事曾请教大文豪欧阳修，欧阳修淡淡地回答："无他术，唯勤读书而多为之，自工。"《红楼梦》中香菱向林黛玉请教怎么写诗，林黛玉拿了一部《王维诗集》给她，并告诉香菱，你再读一二百首杜甫的诗，一二百首李白的诗，你把这三位的诗背得滚瓜烂熟了，你也会写诗了。杨绛小时候向父亲杨荫杭请教写作的秘诀，她父亲说："哪有什么秘诀，多读书，读好书罢了。"

这些例子说的都是这个意思。

上述想法还可以从以下两方面获得佐证。

一是孩子学会说话，完全是在大人话语的不断熏陶下，在不断跟大人的"对话"交际中，逐渐积累母语口语的丰富语感，并逐渐准确把握了母语的发音、词语和语法。

二是我的老师辈，因为他们进过两三年私塾，语文素养普遍较好。旧时私塾的教学模式就是朗读、背书和书写，这使私塾的孩子既集聚了丰富的汉语书面语语感，培养了较强的语文能力；又接受传承了中华文化，培养了较好的文化素养。

遗憾的是，现代语文教学抛弃了老祖宗的做法，代之以老师用大量时间对孩子进行讲解、说教或展示视频画面，而不引导孩子大量接触母语书面语，传统的"琅琅书声"也逐渐消声。

当然，对古代私塾的做法只能借鉴，不能照搬落于窠臼，我们还得创新。

古代私塾老师基本上不讲解，只说一句话："你背得滚瓜烂熟了，就知道什么意思了。"我们不能再这样。目前有一些地方搞所谓"儿童读经班"，只让孩子死记硬背，而不引导孩子了解所读的内容。这就走到了另一个极端。

我们在引导学生阅读、朗读、写作的同时，需适当讲解。但这种讲解，得少讲甚至不讲理论，少作知识性的介绍，重在对课文进行恰如其分的点拨，以帮助学生在积聚语感的基础上，能体会到好文章之妙处，能体会到如何根据文章主题和上下文情景选词炼句。总之，老师的讲解，一定要讲出文章所具有的精妙之处，起到点拨、启迪的作用，让学生恍然大悟、茅塞顿开。

要让我们的孩子能有较好的语文素养、较强的语文能力，要让我们的孩子能传承中华文化，不是单靠给他们讲大道理所能达到的，就得阅读和背诵一定量的古今中外名篇，就得养成读和写的习惯。

建议在小范围内进行语文改革试验，将小学语文课一分为二——"国文"和"写作"。国文课，就是读经典、学写字；写作课，写白话作文，看白话故事。这样既能打好扎实的语文功底，同时接受中华优秀传统文化。当然，该读哪些经典文章与段落，得好好讨论。

愿我的想法能抛砖引玉。

学好语文是学好一切的根本

——个人语文素养关系国家语言能力建设

语言与文化历来是一个民族、一个国家的"魂"，是一个民族、一个国家文明的标志。语言则是文化的载体与根基。

中国是一个文明古国，她既有光辉灿烂而又神奇深邃的古老文化，又有各民族交织、中外交融的现代文化。无论是我国的古代文化还是现代文化，主要都是用汉语来记录、来传承的，这充分显示了汉语无与伦比的魅力。

关于语言的功用，人们常说，"语言是人类最重要的交际工具，语言是思维的物质外壳，语言是记录和传承人类文化的主要载体。"然而在当今社会，语言还成为社会的重要资源，更成为国家软实力的重要组成部分。

语言的重要性，从个人层面来说，已成为生存、发展的重要条件。现在，招聘单位对应聘人员的考核大多首先看他的语言素养与语言能力，包括母语和外语、口语和书面语。语言对个人的重要性，三位名人说得很明白——语言学家吕叔湘先生说："学好语文是学好一切的根本。"数学家苏步青先生说："如果说数学是学习自然科学的基础，那么语文则是这个基础的基础。"联合国前秘书长安南说："21 世纪的年轻人起码要掌握三种语言，这样才能适应时代发展的需要。"

从国家层面来说，语言越来越重要。制定和实施正确的语言政策，将确保各民族之间的和谐相处，促进各民族、各地区间经济、文化、科技的交流与发展。大家说文明话，做文明人，将有助于构建和谐的语言生活、构建和谐的社会生活。如今，处于大数据、云计算、互联网、万物互联的信息时代，国家语言能力跟国防、经济、科技等各方面信息获取的能力，跟信息资源的储备、利用、保护的能力，跟国际竞争能力都成正比；国际交往、谈判以及国际利益的争取与维护，都需要有很强的语言能力支撑。而语言跟经济的关系更是越来越密切，语言已成为重要的经济资源。语言产业可以直接为国家创造可观的产值。《中国语言服务行业发展报告 2020》显示，2019 年，我国语言服务总产值达 384 亿元。在全国脱贫攻坚战中，其中一个举措就是在农村地区推广普通话，在民族地区推广通用语言文字，这对脱贫、对振兴乡村起到了积极助推作用。

从促进国际交流与合作来说，语言也起着积极作用。"一带一路"建设需要语言铺路搭桥，语言互通是"五通"的基础。八年多来的事实表明，语言和语言教学在"一带一路"建设中起到了非常好的桥梁作用、沟通作用，因为语言具有情感性，"构建人类命运共同体"更需要语言铺路搭桥。任何外语教学，包括国际中文教育在内，教员在教授某种语言、学生在学习某种语言的同时，实际上也在进行情感交流，以及文化上和价值观上的沟通。通过语言和语言教育达到各国之间互相交流和相互理解，正是"构建人类命运共同体"所需要的。

语言文字对个人、对国家、对世界如此之重要，因此我们每个人都要敬重祖国的语言文字，维护祖国语言文字的健康发展，都必须重视提升自己的语文素养，提高自己的语言能力，这是构建国家语言能力的基础。

然而我们遗憾地看到，目前大家在平时说话、写作中，在纸质媒体和视频媒体上，受网络语言的影响，不注意语言表达，不注意语言修养，语言方面的毛病随处可见。除了用词、造句不规范之外，随意使用网络词语、中英夹杂、窜改成语等现象也屡见不鲜，有些年轻人还以此来显示自己的"能耐"。成语被誉为中华文化的一颗璀璨明珠。可是现在一些成语被"谐音"滥用，全然不顾对祖国语言文化之破坏，对祖国语言健康的损害。

对于语言文字的使用问题，国家语委在全面深入调查、了解当今语言文字使用情况的基础上，有必要制定针对性措施，以有力遏制和杜绝语言文字使用不规范甚至任意糟蹋的现象，同时要正面引导民众不断提高自己的语文素养和语言能力。

更重要的是要加强中小学语文教育，特别是要加强书面语教育。学生只有掌握好书面语才能接受高素质的教育，包括历史文化教育、科学技术教育、思想品德教育。语言素养和语言能力主要是指书面语的素养与能力，目前出现的种种语言文字问题也都出在书面语上。因此在中小学，要引导学生敬重祖国的语言文字，从小养成在作文中、作业中规范使用国家通用语言文字的习惯。现在有部分学生只顾着学外语，不重视语文素养和语言能力的提高。学外语并不错，可以开启人生的一条新路，打开更多认识世界的视窗。但是须知，外语教学的实践表明，没有深厚的语文功底，外语能力、外语水平的提高也会受限。

语文素养和语言能力的提高，不是靠学理论所能达到的，更没有什么捷径可走，唯一的办法就是要多读书，读好书，勤于写作，有的名篇名段需要适度背诵。这是古人留给我们培养孩子语文素养和能力的有益经验。阅读对于孩子不断提高语言能力、思维能力，不断提高文化素养、传承中华文化，都起着至关重要的作用。阅读也可以让人们特别是让孩子从传统文化、从外国文化中获取智慧，打开丰富多彩世界的大门，给我们提供精神滋养。所以我们的先辈和前辈一直以来都强调读书的重要性。宋代欧阳修告诫我们："立身以立学为先，立学以读书为本。"苏东坡云："腹有诗书气自华。"著名国画家李苦禅也告诉我们："鸟欲高飞先振翅，人求上进先读书。"

读书关乎个人的精神气质，全民的语文素养更关乎民族、国家的精神风貌。每个人都要规范使用国家通用语言文字，努力提高自己的语文素养。

让真语文落到实处

——循着汉语特点和规律的路径教学

　　语文素养是国民素质的根基。20 世纪 90 年代，鉴于国民语文素养与水平整体下滑，全国掀起了中小学语文教学大讨论。2012 年 11 月，《语言文字报》和《语文建设》又发起开展真语文大讨论。全国广大语文教师和关心语文教育的社会各界人士发表了各自的意见，提出了不少真知灼见，普遍认为语文教学要回归本真，但是，真语文怎样才能落到实处，似并未取得一致的、明确的共识。如今《语文建设》以"遵从汉语特点和规律教语文"为选题，开展新一轮语文教学改革讨论，这个想法很好，循着这一思路，会有助于真语文落到实处。

———

　　在探讨如何遵从汉语特点和规律教语文之前，我们可以先改变一下探求的思路，思考一下：我们为什么要送孩子进学校读书？我想这对讨论可能会有些帮助。

　　大家之所以要把孩子送进学校去读书，首要目的是能让孩子识字，逐步学习、掌握母语书面语。因为只有这样，孩子才能不断接受高素质的教育，包括历史文化教育、科学技术教育和道德品行教育；也只有这样，孩子才能传承中华文化，吸收外来优秀文化，不断接受真善美的熏陶，将来长大能为国家的建设与发展、为人类的文明与进步作出应有的贡献。已故世界知名数学家、复旦大学老校长苏步青教授说得好："如果说数学是学习自然科学的基础，那么语文则是这个基础的基础。"已故的语言学界老前辈吕叔湘先生也说得好："学好语文是学好一切的根本。"老前辈所说的"语文"，指的就是汉语书面语。我自己亲耳听吕叔湘先生说过，也听我的老师朱德熙先生说过，孩子进学校"不是为了学口语"，"别看胡同里的老太太，农村里的老大爷，虽是文盲，说起话来一套一套的，也可能很幽默，很风趣，而且说得溜着呢，但这只能说他们很会说话，不能认为他们有语文素养"。总之，让孩子进学校读书就是为了学书面语，培养他们的语文素养。当然，书面语学好了也将有助于他们口语水平的提高，但语文教学的目的是要培养、提高学生的汉语书面语素养与能力，这一点是毋庸置疑的。

二

　　那么，在学校如何有效提高学生的汉语书面语素养与能力呢？遵从汉语特点和规律教语文，是值得大家重视的一项倡议。要知道，从语文教学的角度看，汉语跟其他语言相比，确实有自己的特点，其中有如下两点值得重视。

第一，记录汉语的书面符号是方块汉字。汉字不是音素文字，而是一种能直接表意的语素音节文字。这种方块汉字，一个汉字一个形，一个汉字一个音节，几乎每个汉字都有意义，因此汉字可以说是形、音、义融为一体的记录汉语的书写符号。汉语方言复杂，但在书面上基本是统一的，这就跟我们所使用的汉字有关。汉字的性质决定了它可以超越方言、古今，不受空间、时间的限制；而这正好与属于"非形态语言"的汉语形成极为和谐的关系，从而确保汉语在书面上一直保持统一，并且确保汉语在长期的发展中保持稳定的延续。这也是汉字能成为世界上古老文字中唯一能流传至今，而且一直充满青春活力的一种文字的根本原因。此外，汉字与汉语的词汇关系密切。一方面，由于汉语的词汇绝大部分是单音节或双音节的，这无疑使汉语存在大量的同音词、同音语素，而汉字就起到了很有效的别词作用（也包括分别同音语素的作用）。另一方面，汉字产生后就直接参与了汉语造词的历史过程，如"授"（交付）和"受"（接受）的施、受分化，"鱼"和"渔"的名、动分化，"弯"和"湾"的形、名分化，"见"和"现"的使动、主动分化等。再说，由于汉字有象形、会意、指事、形声等多种造字方式，还有假借、转注这样的用字方式，所以在汉字中蕴藏着有关中华文化，有关汉语的语音、语义乃至语法等丰富的内容。可见，汉字对研究中华文化、对研究汉语的历史发展，都具有重要的价值。因此，要让孩子学习、掌握好汉语书面语，首先必须让孩子学好、写好汉字。特别是在小学阶段的语文教学，必须重视和抓好汉字教学，为学生学习、掌握好汉语书面语打下坚实的基础。事实上，我们衡量一个人语文素养的高低，首先要看他掌握和运用字词的能力。

第二，汉语是节律性很强的语言。正是这种汉语的节律性，加之上述汉字的独特性，对汉语文学创作产生极大的影响，不仅突出体现在古代骈文、对联的产生和诗词格律的发展上，而且即使是现代文，一般称得上好文章的，也一定很注意语句的节律，让人读着朗朗上口，让人容易顺着语句的节律读出情趣、读出感情。"琅琅书声"就来自汉语的节律。

在语文教学的过程中，我们一定要充分注意并利用汉语的这些特点。

三

遵从汉语特点和规律教语文，是语文教学的好路子。如何有效实施，从而有效帮助孩子学得汉语书面语呢？我认为有两方面的经验值得借鉴。

一方面，可以从孩子自然习得母语口语的过程加以借鉴。我们知道，一个人的母语口语是从小自然习得的。孩子呱呱坠地，大人就不断地跟他说话。虽然孩子在相当长时间里听不懂大人所说的话，但大人还是一个劲儿地跟孩子说话，而孩子也总是很愿意跟大人"交谈"。就这样，孩子由襁褓到孩提，到少年，开始咿咿呀呀与大人"对话"，慢慢地学会了像样的说话，慢慢地话越来越多，慢慢地可以自若地与大人对话交际。这里值得注意的是，在整个自然习得的过程中，大人从来没有孤立地教过孩子一个元音、一个辅音，没有孤立地教过孩子一个词，更没有孤立地教过孩子一条语音规则或语法规则。孩子学会说话，完全是在大人话语的不断熏陶下，在跟大人的不断"对话"中，逐渐积聚母语口语的丰富语感，进而逐渐准确把握了母语的发音，掌握了母语的词语和语法。可是，母语书面语主要是学得的。怎样算学习、掌握了母语书面？说透了，就是在人脑心智中能积聚丰富的母语书面语语感。孩子入学前，对母语口语已有一定的甚至可以说已有相当丰富的语感，而对母语书面语则缺乏甚至可以说没有语感。如何能够使孩子逐步有效地学习、掌握母语书面语呢？重要的是想方设法让孩子逐渐积聚丰富的母语书面语语感，而这正是小学、初中、高中的语文教学所应负的主要责任，所应担当的主要教学任务。要使孩子有效积聚丰富的母语书面语语感，就必须如"孩子自然习得母语口语"那样，让孩子大量接触母语书面语，具体说就是要让孩子大量阅读，大声朗读，尽可能背诵好的书面作品，同时在教师指导下不断从模仿写作到有创意地写作。

另一方面，可以从我国古代私塾语文教学的经验加以借鉴。古代私塾语文教学的特点是，除了要求天天写字、练字外，就是大量阅读、大声朗读，要求背诵，并不断由模仿写作到有创意地写作。其中特别注重大声朗读和背诵，因此历来有"琅琅书声"

之说。这大声朗诵正是自觉不自觉地遵循了汉语重节律的特点，使学生通过朗读将课文深深地印记在脑海中。学生就是在这样的过程中通过视觉、听觉和手写的感觉大量接触汉语书面语，不断积累丰富的书面语语感，从而逐步掌握汉语书面语。学生当时对所读之书的内容可能不甚了解，甚至完全不懂，但他们积累了很好的书面语语感，打下了坚实的书面语基础。随着年龄的增长，知识面的扩大，他们会逐渐领悟书中之意，而从小所读所背诵之语句段落深深印在脑海之中，长大后随时可以"调用"，甚至能做到信手拈来。我们看到，我们的老师辈，不管是文科、理科、工科的老师，语文程度都相当高，语文能力都相当强，其主要原因正是他们大多在私塾打下了坚实的语文基础。我们今天要使语文教学回归本真，值得借鉴传统语文教学的一些做法。遗憾的是，现代的语文教学基本上都抛弃了老祖宗的做法，代之以教师用大量时间对孩子进行讲解、说教或展示视频画面，传统的琅琅书声也逐渐消声，其后果是不再让孩子大量接触汉语书面语，这样，孩子如何能从小积聚汉语书面语语感呢？

当然，对古代私塾的做法只能借鉴，不能照搬。古代私塾老师基本上是不给学生讲课文的。"人之初，性本善；性相近，习相远。""关关雎鸠，在河之洲；窈窕淑女，君子好逑。""帝高阳之苗裔兮，朕皇考曰伯庸。"小孩子一开始读这些字句哪懂意思啊？因此，我们在引导学生大量阅读、大声朗读、勤于写作的同时，还要适当讲解。这种讲解要求少讲甚至不讲理论，少作知识性的介绍，重在对课文进行恰如其分的点拨，以帮助学生在积聚语感的基础上，能体会到文章之妙处，能体会到该如何根据文章主题和上下文情景炼词选句。很高兴从报刊上看到，在真语文大讨论中，一些语文教师在注意引导学生阅读、朗读、背诵、写作等方面，都已不同程度地超越了传统私塾教学模式。

总之，语文教学的真正出路就在于遵从汉语特点和规律，具体说，要引导孩子大量阅读，大声朗读，背诵佳作，努力认字、炼词、选句，不断由模仿写作到有创意地写作，从而使孩子在大量接触书面语的过程中，不断积聚、丰富汉语书面语的语感。我认为，这也是真语文的真正落脚处。

四

据以上看法，我想对语文教学的改革提出两点建议。

改革建议之一：小学语文实行分课制，将现在的语文课分为"国文"与"作文"。"国文"课，就是读文言经典，要求大声朗读，要求背诵，不要求明其意。"作文"课，就是写现代白话作文，不采取命题作文的办法，要求学生观察、记录、描述实情，到高年级可以围绕某个主题搜集资料，思考分析，立论成篇。

开设"国文"课的前提是要编纂一个好的一至六年级的文言读本。这文言读本具体怎么编，选什么样的课文，得充分研究，不能简单照搬私塾的做法。"作文"课成功的关键是，语文教师要很好地引导学生看书，引导学生观察，引导学生思考；开设"作文"课的前提是学校要有充足的适合小学生阅读的各类读物，并规定学生的阅读量。在"国文"课里是否要写作，如果要写该如何"写"、写什么，这些都需要好好研究。

改革建议之二：中学语文教育可基本按照现行的做法，不用分课，更不要回到20世纪50年代"文学"与"汉语"那样的分课制；但教学理念、教学思路要改革。

其中最首要的是教材革新，要编好语文课本。关于课文的选取，童庆炳、陈平原、钱理群等诸位先生的意见值得重视。从内容上讲，能使学生受到真善美的教育，特别是懂得怎么做人，同时还一定要符合青少年的发展和需求，能激发学生的审美情趣，能唤起孩子对未知世界的向往与探索；能激发学生"敏锐的感知力，丰富的情感力，独特的想象力"。在语言文字上，不但要规范、优美，更要富于表现力、感染力；要"经得起学生的咀嚼"；"能培养学生对语言的敏感，对语言美的欣赏，对语言魅力的感悟，能有助于培养学生的语言能力"。目前流传下来的一些脍炙人口的诗、词、曲、文、赋，是经过千百年的锤炼而积淀下来的，在语言文字上都不同程度地具有上述优点或特点。现当代作品，在语言文字上经得起分析和咀嚼的也有，如大家所熟知的鲁迅、朱自清、杏林子等人的一些作品。抛弃自古至今的经典，会让中华文化断裂，那对不起我们的老祖宗。教育部出台了弘扬与完善中华传统文化教育的文件，这是一个可喜的开头。

以上改革建议，希望有关部门考虑；可以先在有条件的部分学校试行，以观其效应。

语文课程所担负的任务与责任

——兼说提升国民个人语言能力的意义

教育的终极目标是"立德树人",为国家培养各类所需之人才,每门课程都要为达到此教育终极目标作出自己的贡献。各门课程有各门课程所担负的任务与责任。语文课程承担的任务与责任是什么?回答这个问题之前,先得考虑这样一个问题:我们为什么要将孩子送进学校?孩子进学校首要的任务是识字,学文化,学习掌握好母语书面语;同时能学习掌握好一到两门外语。只有这样,孩子才能不断地接受高素质的教育,包括历史文化教育、科学技术教育和道德品质教育,才能用娴熟的书面语来表达自己的思想、情感;也只有这样,孩子才能成长为一个世界公民,才能为国家办更多的事情。让孩子识字、学习掌握好汉语书面语,这个任务、这个责任就落在语文课身上。语文课程的任务大致有三:第一,"帮助学生学习、掌握好书面语",以逐步培养学生全面综合的语文能力;第二,让学生获得一定的文学素养,能逐步以健康的审美情趣和文化品位鉴赏文学艺术作品；第三，使学生不断受到真善美的教育与熏陶，具体说即不断接受中华文明、世界文明与社会主义核心价值观。

上述三个任务中，语文课程首先需要完成的是第一个任务，这一任务完成好才能确保第二、第三项任务的完成。而这个任务，即培养学生全面综合的语文能力，只能由语文课程来承担和完成。因此，语文课程的定位就应该落在"逐步培养学生全面综合的语文能力"上。这种全面综合的语文能力体现在以下三方面。

一是语言理解方面，无论是读或听，都要能一下子抓住对方表达的主要内容。这是第一步的要求；再进一步，能品鉴一篇文章、一席讲话，好在哪里或者不好在哪里。

二是语言表达方面，无论是说或写，都要做到文从字顺。这是起码的要求；再进一步，要在语言表达上做到得体、到位。具体说，要懂得在什么场合、什么情景，在什么人物身上，当表达什么意思时，需要选用什么样的词语，什么样的句式，什么样的句调、语气。

三是有实际的语文纠错能力，具体体现在无论是看别人的或是自己的文字，能凭语感初步判断一个句子的正误与好坏，一个词语、一种句式在使用上恰当与否，并有能改正的能力。

这三方面也是衡量一个学生汉语书面语学习、掌握如何的标准。学生有了这三方面的语文能力，那么他们就算切实掌握好了书面语，学生的语文水平、语文修养就会得到切实的提高，他们也就能更好、更快地接受各种高素质的教育。

现在的问题是，语文课程怎样才能确保这一任务的完成？

一

我们知道，母语口语是自然习得的，母语书面语呢？那是要学得的。怎样能有效地学得母语书面语？有两方面的经验可适当地加以借鉴。一个是孩子习得母语口语的经验，一个是我国传统语文教学的经验。

孩子习得母语口语的经验具体是什么？孩子呱呱坠地后不断跟大人咿咿呀呀地"对话"，在这过程中逐渐积累丰富的口语语感，正是靠这丰富的语感逐渐准确把握母语的发音，掌握母语的词语和母语的语法。母语书面语的学得，也要像口语习得那样，不断积累丰富的书面语语感。要积累丰富的书面语语感，办法只有一个，那就是大量地接触母语的书面语，具体来说，就是要大量阅读、大声朗读甚至需要背诵，同时还需要一定量的写作。我国传统语文教学的经验主要就是传统私塾教学的经验。古代私塾教学，除了识字以及在老师指导下从模仿写作到逐渐有创意地写作之外，主要就是读书。从《三字经》开始到节选的《诗经》《论语》《孟子》《左传》等，其要求就是大声朗读，努力背诵。学生就是在这样的学习过程当中不断积累丰富的书面语语感，从而逐步掌握汉语书面语，同时也受到深厚的中华文化的熏陶和感染。学生读时对很多书的内容一般都不甚了解，甚至有些根本就不懂，但打下了书面语的基础，随着年龄的逐渐增长，书中之意就逐渐领悟到了。我们当今的语文教育无疑也应该适当借鉴传统语文教学中的一些合理成分。借鉴，不是要泥古，更不是要复古，而是应该师古。师古师什么？主要是引导孩子多读书、读好书，要大声朗读，有些要适当背诵。

多读书，读好书，勤于写作，这是古人留给我们培养孩子语文素养和能力的有益经验。我们的先辈和前辈，一直都强调多读书、读好书的重要性。这在很多文学作品中也有所反映。诗圣杜甫说："读书破万卷，下笔如有神。"这已是众所周知的了。欧阳修是宋代大文豪。据《东坡志林》记载，黄庭坚的岳父孙觉（字莘老）曾就写文章之事请教欧阳修，欧阳修说："无他术，唯勤读而多为之，自工。"大家都知道被誉为初唐四杰的王勃所写的《滕王阁序》。注意，这可以说是王勃的即兴之作，但他却写出了"落霞与孤鹜齐飞，秋水共长天一色"这一千古传诵的名句，序文成了传世名篇，而且在短短的700多字里，用了20多个典故。试想，如果王勃不熟读古代经典，能在那么短的时间里即兴写出这样的传世篇章吗？当然，像王勃那样的聪慧才子历代少有。

以上都说明一个道理，要提高语文素养和语文水平，增强语言能力，没有特别的好办法，重要的是多读书，读好书，大声朗读，勤于写作，以积聚丰富的汉语书面语语感。这是前人的经验之谈，是颠扑不破的真理，也正是语文教育应走的路。这里大家一定要认识"积聚丰富语感"的重要性。无数事实告诉我们，一个有经验的司机，最后熟练驾驶凭的是积聚的丰富的"车感"；一个优秀的乒乓球运动员，在激烈的比赛过程中，如何击球、如何回球根本来不及思考，凭的是在长期训练、比赛过程中积聚的丰富的"球感"。

二

当然，我们只是借鉴而非照搬传统语文教育的办法。也就是说，我们在引导、鼓励孩子多读书、读好书的基础上需要进行适当的点拨和引导，以便让孩子茅塞顿开，让孩子懂得该怎么阅读、怎么表达。这种点拨与引导，着重在两方面：一是让学生知道，一篇文章好，好在哪儿；一篇文章不好，不好在哪儿。二是让学生知道该怎么用词选句，怎么运用虚词。具体怎么点拨与引导？不妨举些实例来加以说明。

朱自清的《背影》《荷塘月色》等散文名篇在词语的选择上就很讲究，很见功夫。对于《背影》这篇课文，大家都比较注重父亲穿过铁道爬上月台给儿子买橘子，买完回来过铁道时，他如何先将橘子散放在地上，自己慢慢爬下，再抱起橘子走；儿子过去扶着父亲到车上后，父亲又如何将橘子一股脑儿放在他的皮大衣上，然后扑扑衣上的泥土，心里很轻松似的，过一会儿说："我走了，到那边来信！"这一段写得很传情，但《背影》里另有一段文字（在第四自然段）在用词上也很质朴传情：

他给我拣定了靠车门的一张椅子；我将他给我做的紫毛大衣铺好座位。他嘱我路上小心，夜里要警醒些，不要受凉。

这里没有华丽的辞藻，"拣定""嘱""警醒"，都是很普通的词语，但在这里用作谓语动词都很到位，让人感到质朴而有神韵，字字传情，真切地表现了父爱。老师可以提出这样一些问题先让学生思考：

1. 这里的"拣定"改用"找"或单用"拣"，好不好？

2. 在"拣定了靠车门的一张椅子"里的"靠车门的"这一修饰语似乎也可以去掉，但作者用了这个修饰语，用意是什么？

3. 将"嘱"改为"要""叫"怎么样？为什么用"嘱"好？

在提出这些问题的同时，要告诉学生：思考这些问题一定要联系全文的主题。

再如，鲁迅《故乡》中对闰土见到分别多年的"我"时的情态，作了如下的简单描写：

他站住了，脸上现出欢喜和凄凉的神情；动着嘴唇，却没有作声。他的态度终于恭敬起来了，分明的叫道："老爷！……"

引文里的"他"指闰土。作者只用"站住了"三个字，就刻画出闰土见到儿时好友后那种意外高兴而又有点发愣的神态。而"欢喜和凄凉"这短短的五个字，把闰土当时那种见到儿时朋友所唤起的天真无邪的童心立时又被世俗等级观念冷酷扼杀的感情活动和心态变化，形象生动地描绘出来，使之跃然纸上。而接下去的"分明的叫道：'老爷！……'"，宣告了闰土儿时的美好回忆被彻底地埋葬。这不能不让人去深深地思考。

通过类似上述结合课文所进行的有关词语和修饰语的讲解，引导学生认识到：说话写作中，词语的选择和锤炼，修饰成分的恰当使用很重要；所谓要用好词语，用好修饰成分，并不是要多用华丽的形容词，重要的是做到准确朴实，能根据文章主题的需要选用恰当的词语和修饰语，并注意前后左右的互相配合、照应和衬托。

不少课文里的虚词用得特别好，可给学生讲讲。例如唐代诗人王之涣的五言绝句《登鹳雀楼》，教学时一般都强调一定要把其中的"依"和"穷"讲透。这当然是对的，但是其中的虚词"更"也需讲透，这样才能让学生更透彻地理解这首诗。可让学生考虑：我们能否把"更"换为"需""要""再"或者"又"？为什么不能？

现代白话文章里也有许多虚词用得好的。譬如鲁迅的《祝福》，其中就不乏妙用虚词之例：

　　冬至的祭祖时节，她做得更出力，看四婶装好祭品，和阿牛将桌子抬到堂屋中央，她便坦然的去拿酒杯和筷子。

　　"你放着罢，祥林嫂！"四婶慌忙大声说。

　　她像是受了炮烙似的缩手，脸色同时变作灰黑，也不再去取烛台，只是失神的站着。……不半年，头发也花白起来了，记性尤其坏，甚而至于常常忘却了去淘米。

这几段话是写祥林嫂听了柳妈的话到土地庙捐了条门槛，从而又对生活充满了希望，但封建礼教还是容不得她，给了她新的致命的打击，使她生活的最后一线希望遭到破灭，随之发生一蹶不振的变化。鲁迅在这一段话里，虚词运用得很讲究。值得注意的是：第一，"她做得更出力"里的"更"；第二，"你放着罢"里的"罢"；第三，"她像……甚而至于常常忘却了去淘米"这一长段文字里关联词语的使用。

这些虚词很值得结合课文给学生讲讲。我们可以提出这样一些问题来让学生思考、讨论。

1. 关于"更"，请学生考虑：能不能替换为"很"或"非常"？为什么必须用"更"？联系上下文，这里用"更"将会起到什么样的表达作用？

2. 关于"罢"，可以启发学生考虑：这里能否不用"罢"？考虑这个问题时，要学生注意这样三点：一是用不用"罢"，句子的语气不一样；二是这话出自一位女主人之口；三是鲁迅在这篇小说中对四婶和鲁四老爷的态度有区别，因此在人物描写上也有区别。了解了这三点，就可以体会到为什么这里的"罢"用得好。

3. 关于描写祥林嫂急剧变化的那一段文字里大量关联词语的运用，我们可以告诉学生这样一点：关联词语的作用在于显示句与句之间的逻辑联系，适当运用关联词语可以使说的话、写的文章脉络清楚，增强逻辑力量；但在一般文艺作品中不宜用得太多，动不动就用"因为……所以……""虽然……但是……""不但……而且……"，不仅会使语句显得啰唆，还会使话语不活泼、不生动；而鲁迅正是运用关联词语的这一表达特点，故意在描写祥林嫂急剧变化的文字里集中使用大量关联词语。对此，可以先让学生思考一下：鲁迅在这里为什么要用那么多关联词语？使用那么多关联词语，将会收到什么样的表达效果？

关于句式选择方面的讲解，这里只举一例，鲁迅《祝福》中对祥林嫂的一段描写：

> 她一手提着竹篮，内中一个破碗，空的；一手拄着一支比她更长的竹竿，下端开了裂：她分明已经纯乎是一个乞丐了。

我们知道，小说《祝福》运用倒叙的手法，通过刻画主人公祥林嫂这个下层劳动妇女的悲惨命运，来解剖旧中国的农村社会，抨击黑暗的宗法制度和吃人的封建礼教。鲁迅对祥林嫂的这段描写，在全文中起着很重要的作用。语文教师应该引导学生注意这段描写，特别注意句式的运用。可以这样来启发学生思考：

第一，"她一手提着竹篮，内中一个破碗，空的"这是一个复句，包含三个小句。我们能否把这个句子改为内容与之相当但包含长定语的单句——"她一手提着一个内中放了一个空的破碗的竹篮"？为什么？

第二，"（她）一手拄着一支比她更长的竹竿，下端开了裂"，这是一个包含两个小句的复句。我们能否将"比她更长的"这个修饰语去掉？这个修饰语起什么作用？能否将"下端开了裂"这个小句去掉？为什么？能否将这个句子改为内容与之相当的包含长定语的单句——"（她）一手拄着一支比她更长的下端开了裂的竹竿"？为什么？

在启发学生思考这些问题时，教师应引导学生联系课文的主题、联系所需刻画的人物形象来考虑，并要注意鲁迅是以怎样的视角来刻画祥林嫂的。

我想，语文教师如果能把类似这一连串的问题讲清楚了，学生就会爱上语文课，语文教学的收效就会比较大；学生如果能把类似这样的"为什么"领悟到了，其语文水平、语文修养肯定会有较大提高。

总之，引导孩子多读书，读好书，大量阅读，大声朗读，适度背诵，勤于写作，以便让孩子积聚丰富的汉语书面语语感，同时适当点拨与引导，这应该是培养学生良好的语文素养、语文能力最有效的手段。小学、中学语文教学必须重视这一点。近两年社会上出现了呼吁和发动大家读书的新气象，这无疑大大助了语文课程一臂之力。但愿读书之风能长久地保持下去。

三

说到语文课程所担负的责任，大家还必须了解这样一点，那就是当今我们处在一个大数据、云计算、网络化、智能化、全球化、万物互联、人类逐步走向太空的信息时代。这种时代变化要求个人与国家要具备更高的、更多元的语言能力，以及高水平的语言教育和语言研究能力。如今，语言、语言能力已成为一种资源，已成为个人和国家生存、发展的重要因素。个人的语言能力已成为与他人竞争的一个重要条件，而国家语言能力的提升事关国家软硬实力，特别是国家综合实力的提升和国家的安全，已具有战略意义。因此，现在提出了一个新的观念、新的术语——国家安全中的语言战略。关于语言的战略意义，李宇明、赵世举等多位学者已早有论述。特别是在赵世举主编的《语言与国家》一书中，更是从"语言能力与国家地位""语言能力与国家治理能力""语言能力与经济发展力""语言能力与科技创新力""语言能力与国际竞争力""语言能力与国家安全"等多方面进行了全面、具体而又清楚的阐述。这足见国家语言能力之重要。国家语言能力的基础是国民个人的语言能力、全民整体的语文素养与能力，所以不断提升国民个人的语言能力已成为关涉国家安全的语言战略实施中语言文字的基础性建设。而培养一个人的语文素养与语言能力的关键时期是小学、初中、高中阶段。可见，语文教学实际担负着关涉国家安全的语言战略实施中语言文字的基础性建设任务。每个中小学语文教师就是整个语言文字的基础性建设工程的建设者。

那么我国国民整体的语文素养和语言能力如何呢？20 世纪90 年代末，社会上掀起了语文问题大讨论，1998 年王丽编辑了

《中国语文教育忧思录》，一些著名的文学家、语文学家如童庆炳、钱理群等都参与了讨论，大家普遍感到我国国民语文素养、语文能力和语文教育堪忧。我在 2007 年曾提出过语文教育"怪三角"的看法。什么是"怪三角"？一个角是，人人都说语文重要；一个角是，多数学生特别是高中生对语文课不感兴趣，不爱上语文课，甚至有厌倦情绪；再一个角是，国民整体的语文水平、语文素养严重滑坡，实例不胜枚举。

那么如今我们国民整体的语文能力如何？还是不容乐观，亟待提升。我们要清醒地认识目前社会的现实，很多人都会自觉不自觉地片面强调人文性，强调"语文教育的正确方向应该是立德树人，是育人"，而忽视如何让学生具有较高的语文素养、较深厚的语文功底。"立德树人""育人"确实是教育之本，但这是整个教育的责任与任务，而各课程首要的任务是要让学生打下较扎实而深厚的该课程所属学科的功底。

语文课程当然要担负文化思想教育的任务，但这种文化思想教育不能是宣传式的，更不能是说教式的，而应该是"随风潜入夜，润物细无声"的，应该是耳濡目染、潜移默化的。语文课程要在培养学生较深厚的语文功底的同时，润物细无声地对学生进行文化思想教育。这样的教育才能真正深入骨髓，才能收到实效。如此看来，真要不断提高全民的语言能力和文化素养，小学、中学的语文教学必须进行积极而稳妥的改革。改革的重点应放在课程设置以及教材编写和课外阅读书籍的编写上。改革的主要方向就是怎么根据现在的孩子只习惯于碎片式阅读、快速式阅读的情况，引导孩子多读书，读好书，大量阅读，大声朗读，适度背诵，勤于写作，以便让孩子积聚丰富的汉语书面语语感。如果我们能这样做，必将有助于孩子全面提升语文素养与语文能力，破解中华民族文化的密码，接受并传承博大精深的中华文化，具备坚持"真善美"的情操与品格。

按照学习书面语的规律教语文

——北京大学中文系教授陆俭明访谈

陆俭明先生的专业是语言本体研究，主要研究现代汉语语法。20世纪90年代起，他开始关注中小学语文教学。他有这样一个理念：任何科学研究，最终目的都是应用，语言研究也不例外。在陆先生看来，无论是教材还是教法，中小学语文教学存在的问题都与没有认清语文教学的任务有很大关系。

培养丰富的书面语的语感

李节（以下简称"李"）：语法教学有一个原则是"精要、好懂、有用"，如何做到这一点？为什么学生会觉得语法比较枯燥，用处似乎也不大？

陆俭明（以下简称"陆"）：我不主张在中小学专门开设系统的语法课或者词汇课，我主张点拨教学和随机教学。有两个方法：

一是结合课文来讲语法、词汇等语言知识。专门地、一本正经地讲语法，效果不好，学生也不感兴趣，一定要结合课文来讲。比如一篇课文中的修饰语用得特别好，我们就可以结合课文来讲修饰语的用法。比如定语、状语等术语，比如字词知识，如果结合课文来讲，学生既明白概念，也知道用法。如果孤立地讲，学生不觉得需要，也容易遗忘。二是针对学生作文中经常出现的语法、词汇问题来讲。这样，正面的例子来自课文，反面的例子来自学生作文，学生就能听进去了。不过，语文教学始终要明确一个任务，就是要让学生通过六年的学习，培养对书面语的丰厚的语感，要从这方面来考虑语文教学的内容和语文教学改革的方向。

李：您认为语文教学的主要任务是对学生进行书面语教学？

陆：是的，我们把孩子送到学校来学语文，不是要孩子学习口语，而是要学习书面语（当然，书面语学好了，有利于提高口语水平），只有掌握了娴熟的书面语，才能不断接受高素质的教育，包括历史文化教育、科学技术教育和思想品德教育。20 世纪90 年代末发起语文教学大讨论，原因是大家感觉国民整体的语文素质下滑。语文素质下滑并不是指老百姓不会说话了，而是指书面语的运用能力大大降低了。这个问题到现在也没有完全解决。

李：在您看来，还有什么问题没有解决？

陆：语文教学有个怪三角：一，大家都说语文重要，是基础。吕叔湘说，语文是学好一切的基础。苏步青说，数学是自然科学的基础，语文是基础的基础。很多人一谈到语文都说语文重要。二，社会上出现大量语言文字使用上的问题和错误。三，中小学生对语文学习不感兴趣。这不能完全怪学生，不是学生学习态度不端正，我们要从语文教学自身来找原因。

李：语文教学自身存在什么问题？

陆：根本是语文观的问题。一个孩子到六七岁，口语已经相当好了，一个人真正要成长，光有口语不行，必须熟练掌握母语的书面语，培养丰富的书面语语感。怎么才能学好书面语？不是靠讲理论就能学到的。为什么一个孩子到六七岁讲话就可以讲得很好，就因为他从小处在语言环境里，大人不断跟他说话。大人一般不教孩子字和词，孩子就是在与大人说话的过程中形成语感的。书面语的语感怎么来？第一，大声朗读；第二，大量阅读；第三，重要的文章要背诵；第四，在老师的指导下，从模仿写作逐步到有创意地写作。

李：书面语大量记录在文言文本当中，这是不是意味着语文教材宜多选入文言文？

陆：语文课要多学文言文。学文言文可以打好两个底子，即语文的底子和传统文化的底子。传统文化在千百年来积淀下来的优秀的文言文里面。学文言文不但学习了语文，也接受了传统文化教育。一个民族的语言，只要有文字，它的口语和书面语就会逐渐产生差异，这是必然的。因为语言不断发展变化，一旦记录

按照学习书面语的规律教语文 /

049

下来就定格了，文字记录反映的是先前的语言状况，口语自然会受到书面语的影响。书面语是以口语为基础，但并不是口语的简单拷贝，而是经过提炼加工的口语，书面语和口语很难完全一致，随着时代的发展，这种距离必然越来越大。特别是唐代的古文运动，韩愈提倡写文章要按照先秦的语言来写，致使汉语书面语跟口语越来越远离。但文言文与现代文的语法、词汇还是一脉相通的，因而学习文言文会对语文能力产生潜移默化的影响。

儿时大量读背的教学方法值得研究

李：古人给学童编的教材多用三言、五言韵语，包含传统伦理道德教育的内容，读起来也朗朗上口，便于记诵。

陆：小学的课文是要编的，不是随便从报刊上、书上拿一篇文章来就当课文。要根据学习哪些字的需要，专门编写课文。我建议把小学语文课分成两门，一门叫国文，内容是大量读背文言文和写字，教师适当地讲解、点拨；另一门叫写作，用白话文写文章。学校要有大量书刊，要求学生每个月要读几本书。现在学生读书量太少，所以很难培养学生丰富的语感。《红楼梦》里香菱向林黛玉请教写诗，林黛玉就从书架上拿了一部王维诗集给她，要她拿去背诵，还要她背诵一二百首李白的诗、一二百首杜甫的诗。据《东坡志林》记载，黄庭坚的岳父孙莘老曾经向欧阳修请教写作之道，欧阳修对他说："无他术，唯勤读书而多为之，自工。"什么意思？就是多读书，多写作，积累语感，文章自然就写好了。必须明白上面强调过的一点。孩子上学主要不是学口语，而是学书面语。学书面语要积累大量的语感，积累书面语的语感靠的是大声朗读、大量阅读、适当背诵、模仿写作，除此之外，没有别的诀窍。

李：应该说，大声诵读是私塾里最主要的教学法。现在语文课上很少听到书声琅琅，而且教材中适合记诵的白话文作品似乎不怎么讲究韵律美。

陆：我们这一代念过私塾的已经很少了，我只有几个农村的同学念过私塾。然而，我们的老师辈，不管是工科、理科还是文科，他们的语文功底都很好，这得益于私塾。他们从小阅读背诵了大量的书面语材料，从《三字经》《弟子规》到《论语》《诗经》《孟子》等。从五四运动之后，语文课最大的弊病是教师讲得太多，而且讲的内容无非是段落大意、主题思想，事实上学生对这些并不感兴趣。

李：小学阶段主要是打基础，打下语文的功底。您觉得小学语文教学可以从私塾教学中借鉴什么？

陆：如何打基础这个问题，私塾的教学方法值得我们好好研究。举两个例子，一个是胡明扬先生，他是我的老师辈，我跟他关系很好，他住城里，每年春节我都进城给他拜年。胡先生对我说，他能写文言。他上小学正是抗战爆发的时候，他的父亲就把他送到私塾读了两年。他说在私塾就做两样事情，一是诵读；二

按照学习书面语的规律教语文 /

是写字。老师从来不讲。老师最常说的话就是："背！背熟了，就懂了！"还有一个例子就是我大哥，他小学毕业就去苏州当学徒，新中国成立后在上海的一家纺织厂当工人。他写得一手好字，我们兄弟三人他的字最好。而且他跟人谈话常常引用《诗经》《论语》《庄子》里的话。这个本事我都没有。过去我老是纳闷，他怎么记得那么多古文呢。前年，我去上海看望他，大哥八十多岁了，聊着聊着，又引了一句古文。于是我就问他，你不就是小学毕业吗，怎么记得那么多古文？他说自己进现代学堂之前，念了两年私塾，这个本事是从私塾里锻炼出来的。老师就让他们背诵，当时不懂什么意思，但随着年龄增长，慢慢就知道是什么意思了，而小时候背的东西一直在脑海里。我说这两个例子的意思就是，我们现在仍然要吸收私塾的科学做法，从小加强朗读背诵，打下语文的功底和传统文化的功底。当然，我们可以在私塾的基础上改进提高，教师要适当点拨，不要等着学生自己去悟。

讲出好文章的奥妙所在

李：中学的情况可能跟小学不太一样，学生到了中学，理解力和自觉性都有所提高，为什么还是有学生对语文课不感兴趣呢？应该说，学生不是对语文不感兴趣，而是对语文课不感兴趣。

陆：现在的语文教材，文言文很少，白话文居多，教材里的白话文有两个问题：第一，初中以上的学生都能看得懂；第二，课文内容与儿童心理发展不很一致。这样的课文，不能激发学生对未来的遐想，不能引起共鸣。再有就是，教师的语文教学问题很大。有的文章很好，很值得学生学，但是教师不能起到让学生茅塞顿开的作用。学生虽然能看懂，但并不知道文章的奥妙在哪里。教师要能够把一篇文章好在哪里的奥妙讲出来，学生才会觉得有意思。

李：怎样才能讲出文章的奥妙呢？

陆：举个例子来说吧。我曾经在北京的一所中学听过一位老师讲《祝福》。这位老师的教学流程大致是这样的：先介绍鲁迅、作品的时代背景，讲解生字生词，教师领读课文，学生默读课文，组织学生分组讨论分段、段落大意、主题思想、写作技巧，每次讨论后，由每组学生代表发言，大家讨论，最后教师总结。这位老师备课很认真，总结得也不错。但是，这样讲并不能真正达到语文课的目的。这篇作品采用倒叙的手法，祥林嫂第一次与读者见面是一个乞丐的形象，出现在第三段。鲁迅是怎么写这个人物的？"她一手提着竹篮，内中一个破碗，空的；一手拄着一支比她更长的竹竿，下端开了裂；她分明已经纯乎是一个乞丐了。"这一段描写让一个乞丐的形象跃然纸上，给读者留下深刻的印象。语文教师能不能发动学生讨论讨论这个句子？作者用的是短句，能不能合成一个长句？为什么？修饰语"比她更长的"能不能去掉？"下端开了裂"能不能去掉？为什么？这样的讨论，能够让学生体会到鲁迅为什么这样写，这样的写法与文章的主题相吻合，是突出人物乞丐形象的需要——运用短句，犹如电影、电视中的镜头，有远镜头、近镜头、特写，这样的对比给人强烈的印象。一个乞丐哪里顾得上竹竿的长短啊？修饰语"比她更长的"正是衬托了祥林嫂的乞丐形象。而"下端开了裂"这一小句说明祥林嫂当乞丐已经好长时间了。从中可以体会到，作者用词是很有意味的，不是随便用的。这样教会让学生茅塞顿开，而且给学生这样的意识：以后用词选句一定要服从文章的主题，服从人物形象的需要，而且要考虑从哪个角度来写更好。这样的例子在文章中有很多。比如，"冬至的祭祖时节，她做得更出力"为什么用"更"？"祥林嫂，你放着罢！"一句也可以讨论。在描写祥林嫂在冬至祭祖时节受到新的打击后的急剧变化时，鲁迅用了一连串的关联词。我们在说话、写记叙文时，如果多用关联词，就会显得话语啰唆、文字死板；而鲁迅在这里正是运用关联词语这一表达特点，故意用了一连串的关联词，这对于刻画祥林嫂的急剧变化起到了独特的表达效果。

李：注意从分析语言入手讲解文章的奥妙，关注作者是怎么写的和为什么这么写，这些都应成为书面语教学的内容，是吗？

陆：我认为是，这应该是语文课堂教学内容的重要组成部分。

李：2015 年北京语文高考题，语文基础知识的考试方式变化比较大，是先读懂文本，再回答基础知识题目。

陆：我一直反对下面这种类型的考试：下面三个句子中，注音有误的是……有错别字的是……高考不能考这样的题目。这样的考法只能引导教师、学生去搜集容易读错、写错的字，语文就变成支离破碎、死记硬背的东西了。这不是说词语的读音、字形不重要，这方面的问题应放在小学、初中去解决。高考语文主要是测试考生语文的阅读理解和表达能力。

李：学生接受了十二年中小学教育，语文能力达到什么水平算是比较理想？

陆：从阅读方面来说，读一篇文章能读懂，能抓住文章的主要内容，这是最起码的；要求再高一点，能知道文章好在哪里，问题在哪里，会欣赏，能分析。从表达方面来说，能写出文从字顺的文章，能清楚地表达自己的意思，是基本要求。要求再高一点是写得到位、得体，在具体的场景和上下文中，知道该用什么词、选什么句，不该用什么词、不该选什么句；另外，要有一定的指误纠错的能力。我们知道，文章是改出来的，一气呵成的也有，但是很少。语文教育确实同时担任着思想教育的任务。所谓思想教育就是如何做人的教育，这个最重要。这个教育实际上是人类共同的真善美的教育。语文课上的思想教育不能采取说教的方式，而是要"润物细无声"，要潜移默化，耳濡目染。

李：谢谢陆先生！

语言能力事关国家综合实力提升

"人之所以为人者,言也。"2014年世界语言大会形成的"苏州共识"指出:"语言是人类文明世代相传的载体,是相互沟通理解的钥匙,是文明交流互鉴的纽带。"实践表明,语言能力对个人、国家和整个人类意义重大,提升语言能力事关国家综合实力提升。

人类语言既千差万别,又具有共性。首先,语言具有交际性。人与人之间思想、情感的交流主要靠语言,人思考问题也要凭借语言这一工具,语言还是记录、传承人类文化与文明的主要载体。可以说,人类社会的存在与发展离不开语言。其次,语言具有资源性。我们正处在大数据、云计算、网络化、万物互联的信息时代,国家与国家之间、地区与地区之间交流日益频繁、多样,语言是其中必备的要素。再次,语言具有情感性。语言是一个民族的印记,是一个区域人群的情感纽带。因此,对于一个多民族、多语种、多方言的国家来说,制定好语言规划和语言政策，处理好国家通用语和各民族语言的关系，处理好不同语言之间的关系，对于构建和谐社会，确保国家稳定，促进经济、政治、文化、社会发展，具有至关重要的作用。世界历史上，不少民族冲突、政治危机乃至国家分裂的导火索就是语言问题。

国家语言能力，首先指社会整体的母语素养与水平以及外语能力与水平，同时包括国家处理海内外各种事务所需要的语言能力，以及掌握和利用语言资源、提供语言服务、处理语言问题等能力。90%以上的人类信息依存于语言文字，国家语言能力与获取信息能力、信息资源储备利用保护能力、国际空间开拓能力和国际竞争能力成正比。在信息化时代，国际交往和国际利益的争取与维护尤其需要强大语言能力的支撑。因此，语言人才、语言技术乃至语言意识、语言规划的竞争在国际竞争中的地位越来越重要。显然，国家语言能力不仅关涉软实力提升，而且关涉硬实力提升，关涉国家安全。发达国家对语言越来越重视，一些国家已从战略高度对待语言问题。以美国为例，21世纪以来先后出台了《国家外语能力行动倡议》《国防语言转型路线图》《语言与区域知识发展计划》《国家安全语言计划》《国防部语言技能、区域知识和文化能力的战略规划：2011—2016》等一系列语言政策措施。

我国是一个多民族、多语种国家。我们党和政府历来重视语言文字工作。2000年10月通过的《中华人民共和国国家通用语言文字法》，以立法形式规定普通话、规范汉字为国家通用语言文字。此后，我国又明确提出要构建和谐的语言生活，实现语言文字的标准化、信息化，并推出了一系列语言文字方面的标准。但也应看到，我国在语言文字方面尚存在不少问题。比如，社会整体语文素养出现一定程度的滑坡，学校外语教学语种偏少，国民外语能力与水平偏低，民族语言研究人才缺乏，国民语言意识普遍薄弱等。这与我们建设负责任大国、坚持开放发展的要求相比还有较大距离。

深入推进"一带一路"建设，需要全方位推进务实合作，打造政治互信、经济融合、文化包容的利益共同体、命运共同体和责任共同体。为此，需要实现政策沟通、设施联通、贸易畅通、货币流通、民心相通。这"五通"的实现又需要以"语言互通"为基础和前提。没有语言互通，政策难以沟通，更谈不上民心相通，也会影响设施联通、贸易畅通、货币流通。

提升个人与国家的语言能力是一项系统工程，需要国家和社会各方面协同努力。其前提是要增强全民包括相关领导干部与普通民众的语言意识，特别是语言能力意识、语言规划意识、语言安全意识、语言维护意识、语言科学传播意识等。而营造提升语言能力的良好氛围更是任重道远，需要国家和全社会积极行动起来。

说"年、月、日"

说到日期，就常用到"年、月、日"，例如：

今天是 1987 年 5 月 4 日。

在这个句子里"年、月、日"一起出现，而且出现条件相同，前面都有表示序数的数词。这给人一种错觉，以为"年、月、日"的用法是相同的。其实，多观察一些语言事实就会发现，它们在用法上并不一样。

先比较"年"和"月"。它们在用法上很不相同。

一、表示时段时，"年"前只能加基数词，不能加数量词；"月"的情况正相反，前面得加数量词，不能只加基数词。试比较：

住了三年　　　*住了三月

*住了三个年　　住了三个月

二、表示时段时，有时"年、月"跟"半"连用，其情况也不同。如果"年、月"前没有其他数词，那么，"半"与"年"结合时，中间不用量词，而与"月"结合时，中间一定要用量词。试比较：

半年　　　　*半月

*半个年　　　半个月

如果"年、月"前有其他数词，那么与"年"连用时，"半"在"年"之后，不用量词；而与"月"连用时，"半"在"月"之前，其他数词与"半"之间要用量词。试比较：

三年半　　　　*三月半

*三个半年　　　三个半月

三、表示时点时，讲到年份，有"今年""去年"等说法，讲到月份则没有类似的说法，而要采取别的说法。试比较：

今年　　这个月（*今月）

去年　　上个月（*去月）

前年　　上上个月（*前月）

明年　　下个月（*明月）

后年　　下下个月（*后月）

值得注意的是，在月份的说法中带有量词"个"。

四、当前面加上带"第"的序数词（如"第一、第三"等）表示时点时，"年"前不用量词，"月"前则必须用量词。试比较：

第二年　　　*第二月

*第二个年　　　第二个月

从上面的比较中，我们不难发现，"年"和"月"在用法上的一个最大区别在于"年"前不能用量词，"月"前则要用量词。这种区别说明，"年"本身是量词，它是个时量词；"月"则是个名词。

有时也能见到"年"和"月"用法上相通的情况。例如：

A. 上半年　　　上半月

　　下半年　　　下半月

B. 这一年　　　这一月

　　那一年　　　那一月

事实上这只是表面上相通，实际上二者还是不同的，明显的一点是，"年"前不能加进量词，"月"前则可以加进量词。试比较：

*上半个年　　　上半个月

*下半个年　　下半个月

*这一个年　　这一个月

*那一个年　　那一个月

可见，"上半月、下半月、这一月、那一月"是由于"个"的省略造成的。

现在看"日"。"日"的用法显然接近"年"，而与"月"相去甚远。试比较：

年	日	月
三年	三日	三个月
半年	半日	半个月
三年半	三日半	三个半月
今年	今日	这个月
去年	昨日	上个月
前年	前日	上上个月
明年	明日	下个月
后年	后日	下下个月
第四年	第四日	第四个月

这就是说"日"也是量词，也是个时量词。

"日"是书面语词，口语里不说"日"，说"天"或"号"。而"天"和"号"在用法上是互补的。说日期用"号"，不用天。

试比较：

二月三号　　　　*二月三天
五月四号　　　　*五月四天
十二月七号　　　*十二月七天

其他场合用"天"不用号。试比较：

（住了）五天　　　*（住了）五号
第二天（就走了）　*第二号（就走了）
前天　　　　　　　*前号
后天　　　　　　　*后号
今天　　　　　　　*今号
半天　　　　　　　*半号
三天半　　　　　　*三号半

　　值得注意的是，"号"与"天"二者的分布正好与"日"相当。"天"和"号"与"日"一样，也是量词，不过作为时量词的"号"与其他量词不同，它只用于不带"第"的序数词之后。

　　把"年、日、天、号"看作量词，把"月"看作名词，这并非本文的创见，丁声树等所著的《现代汉语语法讲话》里就那么说了。本文可算作是对《现代汉语语法讲话》的一个补充说明。

现代汉语里的疑问语气词

一

现代汉语里的疑问语气词，语法学界一共提到以下四个：啊、吧、呢、吗。但大家的看法并不一致，归纳起来有五种不同的意见，[①] 如下表所示。

	啊	吧	呢	吗
a	+	+	+	+
b	−	+	+	+
c	−	−	+	+
d	−	−	−	+
e	+	−	+	+

大家对"吗"没有分歧意见，都认为它是疑问语气词；对"啊、

[①] 我们总共统计了十八部论著，持意见（a）的有七部，持意见（b）的有五部，持意见（c）的有四部，持意见（d）的有一部，持意见（e）的也有一部。

吧、呢"，就有不同看法了。这里需要指出的是，不管是持哪种意见的，都没有正面说明理由。这样，现代汉语里到底有哪几个疑问语气词，"啊、吧、呢"到底是不是疑问语气词，都有进一步讨论的必要。

二

在讨论之前，先要明确这样一点，我们判断一个出现在疑问句末尾的语气词是不是疑问语气词，决不能根据语感，[①] 而要看它是否真正负载疑问信息；这一点又必须能在形式上得到验证。验证的办法是比较，那就是从疑问句和非疑问句，从这种疑问句和那种疑问句之间的最小对比中，来确定出现在疑问句末尾的语气词是否真正负载疑问信息。下文讨论中都将遵循上述分析原则，运用上述分析方法。

三

这里还有必要先对现代汉语中的疑问句，作一些扼要的说明，以利于下文的讨论。

现代汉语中的疑问句，可分为以下两大类：

---

① 语感之所以不能作为判断的根据，一则语感常常会因人而异，二则语感容易诱导我们犯错误，把本来不是由句末语气词表示的某种语气硬归到那个语气词头上，或者相反，把本来是句末语气词表示的语气，不归到那个语气词头上。

（A）是非问句；

（B）非是非问句（包括一般所谓的特指问句、选择问句
和反复问句）。

（A）（B）两大类疑问句，从句子的语段成分或超语段成分
（即句调）来看，都存在着明显的对立。

从句子的语段成分看，（A）内不包含表示疑问的词语，[1] 跟
非疑问句的语段成分相同，而（B）内一定包含表示疑问的词语。
换句话说，是非问句的语段成分跟非疑问句一样，是"非疑问形
式"（以下用 W 来表示）；而非是非问句的语段成分则是"疑问
形式"（以下用 Q 来表示）。

从句子的超语段成分看，根据声学仪器的实验[2] 和我们的实
地调查，（A）是"句尾趋升"的形式（以下简称"升调"，在
格式里用 ↗ 表示）；（B）则可以有两种形式，一是"句尾趋降"
（以下简称"降调"，在格式里用 ↘ 表示），与平叙句相同，一是
"句尾趋升"，与（A）相同。在通常情况下，（B）采用前一种形
式；加强疑问语气时，采用后一种形式。这样，上述两类疑问句
可分别表示为：

---

[1] 表示疑问的词语指疑问代词和表示析取的并列结构，如"（是）X 还是 Y""V 不
V""V 了没有"等格式。有些是非问句的语段成分似乎可以含有疑问代词，如
"谁都不知道？""您不买些什么？"其实这些问句里的疑问代词并不表示疑问
（"谁"在这里表示任指，"什么"表示虚指），因此这些是非问句的语段成分仍
应看作是一个非疑问形式。

[2] 参见吴宗济《普通话语句里的声调变化》，《中国语文》1982 年第 6 期。

（A）W+ ↗ ？

（B）$\begin{cases} （B_1）Q+ ↘ ？ \\ （B_2）Q+ ↗ ？ \end{cases}$

而非疑问句可以表示为：

（C）W+ ↘ 。

比较（A）和（C）：

（A）W+ ↗ ？

（C）W+ ↘ 。

不难看出，由于（A）和（C）的语段成分相同，均为非疑问形式 W，因此（A）的疑问信息显然是由"升调"负载的。在现代汉语里，"升调"是疑问句调。再比较（B）和（C）：

（B）$\begin{cases} （B_1）Q+ ↘ ？ \\ （B_2）Q+ ↗ ？ \end{cases}$

（C）W+ ↘ 。

从（B_1）和（C）的对比中，我们可以明显地看到，由于二者超语段成分相同，都是"降调"，（B_1）的疑问信息无疑是由 Q（具体说是由 Q 里表示疑问的词语）负载的。（B$_2$）和（B$_1$）是（B）的不同变体，毫无疑义（B$_2$）的疑问信息主要也是由 Q 负载的，采用"升调"只是为了加强疑问语气。

注意，上面所说的语段成分，不论是 W 还是 Q，都不带语气词。这就是说，上面我们所介绍的是现代汉语中句末不带语气词的疑问句的情形。下面就分别讨论上文提到的那四个语气词，看看它们在疑问句里到底是否负载疑问信息。

四、语气词"吗"

大家都承认"吗"是疑问语气词，原因是"吗"只在疑问句末尾出现。不过我们还得追问："吗"在疑问句里到底起不起负载疑问信息的作用？根据是什么？

我们知道，"吗"只出现在是非问句的末尾。要验证"吗"在是非问句里是否起负载疑问信息的作用，需要把带"吗"的是非问句跟不带"吗"的是非问句（A）和非疑问句（C）进行比较。

为便于比较，我们将带"吗"的是非问句记为（A'）。（A'）的语段成分是"W+吗"；超语段成分可以有两种形式，一是同（C），为"降调"，一是同（A），为"升调"。这样，带"吗"的是非问句可以表示为：

$$（A'）\begin{cases}（A_1'）\text{ W+吗+ } \searrow ? \\ （A_2'）\text{ W+吗+ } \nearrow ?\end{cases}$$

现在，先将（A'$_1$）跟（A）（C）相比较：

（A'$_1$）W+ 吗 + ↘ ？

（A）W 　　 + ↗ ？

（C）W 　　 + ↘ 。

上文已经指出，（A）的疑问信息是由"升调"负载的。通过上面的比较，我们不难发现，由于（A'$_1$）的句调跟（C）相同，是"降调"，不跟（A）相同，因此（A'$_1$）的疑问信息显然不是由句调而是由（而且也只能由）句末语气词"吗"所负载。这就证明，"吗"确实是一个疑问语气词。

至于（A'$_2$）里的"吗"，我们没有根据怀疑它跟（A'$_1$）里"吗"的同一性。（A'$_2$）和（A'$_1$）是（A'）的不同变体。在（A'$_2$）里，事实上"吗"和"升调"都负载着疑问信息。从信息论的角度看，其中有一个是羡余的，但是从言语表达角度看，又并非是多余的，这可以起到加强疑问语气的作用。

五、语气词"啊"

语气词"啊"可以出现在各种类型的句子末尾。例如：

（1）就是走，我也得跟班上说一声啊。（孔厥、袁静《新儿女英雄传》）

（2）大哥，可不许变卦呀！（老舍《龙须沟》）

（3）蜜蜂是渺小的，蜜蜂却又多么高尚啊！（杨朔《荔枝蜜》）

（4）晌午没吃干粮，不饿啊？（杨朔《三千里江山》）

（5）"这给谁治病的呀？"老栓也似乎听得有人问他，……（鲁迅《药》）

（6）到底是你说啊还是我说啊？（转引自《现代汉语虚词例释》）

（7）你信不信我的话呀？（老舍《龙须沟》）

例（1）是陈述句，例（2）是祈使句，例（3）是感叹句，例（4）—（7）是疑问句。用于疑问句，"啊"又可以出现在各种疑问句的末尾，例（4）为是非问句，例（5）—（7）为非是非问句，其中例（5）为特指问句，例（6）为选择问句，例（7）为反复问句。

现在我们先来分析一下出现在是非问句末尾的"啊"是否负载疑问信息。

根据声学仪器的实验和我们的考察，带"啊"的是非问句（以下记为A″），其句调跟不带语气词的是非问句（A）一样，是"升调"，因此（A″）可以表示为：

（A″）W+啊+↗？

由于现代汉语中不存在句末带"啊"而其句调为"降调"的是非

问句，即：

$$*W + 啊 + \searrow ?$$

因此，如果将（A″）跟（A）和非疑问句（C）比较：

（A″）W+ 啊 + $\nearrow$?

（A） W　　 + $\nearrow$?

（C） W　　 + $\searrow$ 。

便不难发现，（A″）的疑问信息也跟（A）一样，是由"升调"所负载的，在这里"啊"并不表示疑问语气，只表示说话人的某种态度或情感。[①]

现在再来看非是非问句末尾的"啊"是否负载疑问信息。

前面我们已经指出，不带语气词的非是非问句（B）可以有"降调"和"升调"两种形式。事实告诉我们，带上"啊"以后仍然有"降调"和"升调"两种形式（以下我们把带"啊"的非是非问句记为 B′）：

$$(B') \begin{cases} (B'_1)\ Q+啊+ \searrow ? \\ (B'_2)\ Q+啊+ \nearrow ? \end{cases}$$

___

① 具体来说，"啊"在这里起着"使问句语气和缓而不显得生硬"的作用。参见北京大学中文系 1955、1957 级语言班编《现代汉语虚词例释》，商务印书馆 1982年版，第 55 页。

带上"啊"以后，并未增加疑问信息量，只是"语气和缓些"。①（B′）跟（B）一样，（B′₁）的疑问信息是由 Q 负载的，（B′₂）的疑问信息是由 Q 和"升调"负载的。"啊"在这里跟在是非问句里一样，不表示疑问语气，只表示说话人的某种态度或情感。

总之，把"啊"看作疑问语气词缺乏根据，在形式上得不到验证。胡明扬先生认为"啊"是一个"表情语气助词"，② 这看法是符合实际的。

六、语气词"呢"

语气词"呢"既能用在陈述句末尾，例如：

（1）走到他的书房外边，听见他在里面哼唧呢。（老舍《黑白李》）

（2）他又笑了笑——大概心中是叫我糟蛋呢。（同上）

也能用在疑问句末尾，例如：

（3）白李上哪儿去了呢？（老舍《黑白李》）

（4）是不佩服咱尤老二呢，还是怕呢？（老舍《上任》）

（5）烟土算反动不算呢？（同上）

---

① 参见吕叔湘主编《现代汉语八百词》，商务印书馆 1980 年版，第 42 页。

② 参见胡明扬《北京话的语气助词和叹词》（下），《中国语文》1981 年第 6 期。

一般语法著作把用在疑问句末尾的"呢"看作疑问语气词。胡明扬先生在 1981 年对此提出了异议。[①]他认为"呢"是"表意语气词",其"语气意义"是"提醒对方特别注意自己说话内容中的某一点"。他还特别指出,"在疑问句中'呢'仍然表示'请你特别注意回答这一点'","'疑问'是由语调决定的,和'呢'无关"。这样,用于疑问句末尾的"呢"到底是不是疑问语气词,就成了有争议的问题了。

我们知道,"呢"用于疑问句,只在非是非问句末尾出现,不在是非问句末尾出现,这一点跟"吗"正好形成互补性对立。前面已经指出,不带语气词的非是非问句(B),有"降调"和"升调"两种形式。我们看到,句末带上"呢"以后,仍然有那两种形式(以下我们把带"呢"的非是非问句记为 B″):

$$(\text{B}'') \begin{cases} (\text{B}''_1) \ \text{Q+呢+} \searrow ? \\ (\text{B}''_2) \ \text{Q+呢+} \nearrow ? \end{cases}$$

这跟句末带"啊"的非是非问句(B′)的情形相类同。如果现代汉语中句末带"呢"的非是非问句只有(B″)这种格式,那么我们就得承认"呢"跟"啊"一样,不是疑问语气词。然而,我们看到,在现代汉语中还有另一种句末带"呢"的疑问句,例如:

(6)丁四呢?(老舍《龙须沟》)

---

① 参见胡明扬《北京话的语气助词和叹词》(下),《中国语文》1981 年第 6 期。

（7）你的皮大氅呢？（曹禺《日出》）

（8）我不要钱呢？（老舍《龙须沟》）

（9）别人知道了说闲话呢？（曹禺《雷雨》）

这种疑问句（以下记为 D）有以下三个特点：

（一）句子的语段成分是由一个非疑问形式 W 加上"呢"构成的，即"W+呢"。

（二）句子的超语段成分是"升调"，即：

（D）W+ 呢 + ↗?

（三）这种疑问句从表面看很像是非问句，实际上属于非是非问句，它跟是非问句存在着事实上的对立。例如：

（10）"后来怎么样呢？"四婶还问。

"听说第二天也没有起来。"她抬起眼来说。

"后来呢？"

"后来？起来了。她到年底就生了个孩子……。"

（鲁迅《祝福》）

（11）"你干什么去了？"刘四爷的大圆眼还盯着祥子。

"车呢？"

"车？"祥子啐了口吐沫。（老舍《骆驼祥子》）

（12）女客：她呢？

男客：她? 她去叫巡警了。(丁西林《压迫》)

例（10）里的"后来呢?"和"后来?"，例（11）里的"车呢?"和"车?"，例（12）里的"她呢?"和"她?"，性质截然不同。"后来呢?""车呢?""她呢?"意思分别是："后来怎么样呢""车在哪儿呢""她哪儿去了呢"，末尾的"呢"不能去掉；"后来?""车?""她?"意思则分别是："你是问后来怎么样吗""你是问车在哪儿吗""你是问她哪儿去了吗"，句末如要带语气词，只能带"吗"，不能带"呢"。显然，前者为带"呢"的非是非问句（D）；后者为是非问句（A）。

非是非问句（D）的存在对确定"呢"是不是疑问语气词起重要作用。现将（D）跟是非问句（A）（A_2'）相比较：

（D）W+ 呢 + ↗?

（A）W　　+ ↗?

（A_2'）W+ 吗 + ↗?

（D）和（A）（A_2'）都是"升调"。从表面看，（D）跟（A）的区别只在有"呢"无"呢"；（D）跟（A_2'）的区别只在一个带"呢"，一个带"吗"。但从上面的比较可以清楚地看到，（D）之所以为非是非问句显然跟"呢"有关，疑问句（D）的非是非疑问信息显然是由"呢"负载的。如果认为（D）所表示的非是非疑问信息跟"呢"无关，就无法解释疑问句（D）跟疑问句（A）

（A_2'）的对立。

　　疑问句（D）里的"呢"负载着非是非疑问信息，是个疑问语气词，这看来是无可怀疑的。而疑问句（D）实质上是非是非问句（B_2''）（即"Q+呢+↗？"）的"一种简略句式"。因此，（B_2''）里的"呢"当然也是个负载非是非疑问信息的疑问语气词。非是非问句（B_1''）（即"Q+呢+↘？"）跟（B_2''）是同一种疑问句（B''）的不同变体，（B_1''）里的"呢"跟（B_2''）里的"呢"存在着事实上的同一性，因此也是负载非是非疑问信息的疑问语气词。

　　总之，"呢"是一个负载非是非疑问信息的疑问语气词。从信息论的角度看，非是非问句（B''），无论是（B_1''）还是（B_2''），也都存在着羡余的疑问信息，但从言语表达的角度看，"呢"也并非多余的，它使问句"又多了疑惑、猜想或焦虑的意思"。①

七、语气词"吧"

　　"吧"旧也写作"罢"。就书面所见，"吧"可以用于非疑问句句尾（句末用句号"。"或感叹号"！"）。例如：

　　　　（1）你喝醉了吧。（曹禺《日出》）

　　　　（2）"什么时候？——昨天夜里，或者就是今罢。——
　　　　　　我说不清。"（鲁迅《祝福》）

---

① 参见张志公《汉语语法常识》，新知识出版社 1956 年版，第 271 页。

（3）也许檀柘夫人说我们送给他们的宝石，正指的是这两个人吧。（杨朔《宝石》）

（4）咱们今天就谈到这儿吧。（老舍《全家福》）

（5）我说道："爸爸，你走吧！"（朱自清《背影》）

（6）小顺拉着小福道："走吧走吧！"（赵树理《李有才板话》）

这种带"吧"的句子或表示"测度语气"，如例（1）—（3），或表示祈使语气，如例（4）—（6）。① "吧"也可以用于疑问句句尾（句末用问号"？"），例如：

（7）"这个道理你们明白吧？"葛专员笑着问。（柳青《铜墙铁壁》）

（8）周萍（转头问周冲）"父亲没有出去吧？"（曹禺《雷雨》）

（9）灵芝问登高说："那么你不卖骡子了吧？"（赵树理《三里湾》）

（10）"我在这儿睡一夜，行吧？"他问了一句，……。（老舍《骆驼祥子》）

（11）平海燕　我陪你到医院去看看吧？
　　　王仁利　不用！不用！（老舍《全家福》）

---

① 关于句中的"吧"（如"譬如你吧，你的普通话就比他讲得好。""说话吧，没的可说；不说吧，又解决不了问题。"），大家有不同看法，本文暂不涉及。

（12）走吧？亲爱的。（同上）

这种疑问句均为是非问句。

据我们考察，书面上带"吧"的非疑问句（以下记作 E）和带"吧"的是非问句（以下记作 F），形式上一样：

（E）W+ 吧 + ↘。

（F）W+ 吧 + ↘？

不管是（E）还是（F），语段成分都是非疑问形式 W，^① 超语段成分都是"降调"。事实上在平时交际中我们可以听到语音形式相同而分属（E）和（F）的句子。^② 例如：

（13）甲：打这儿去民族学院有多远？

乙：有五里地吧。〔属（E）〕

（14）甲：打这儿去民族学院远不远？

---

① 似乎也可以是疑问形式 Q，例如："你到底要干什么吧？""你吃饭还是吃面吧？""这样做行不行吧？"这类句子实质上是句子头上省了"你说"一类的话，是一种祈使句，有催促对方快直说的意味。参见吕叔湘主编《现代汉语八百词》"吧"条，朱德熙《语法讲义》§16.3，赵元任《中国话的文法》（吕叔湘译本为《汉语口语语法》）§8.5.5。

② 例（13）—（15）里的"有五里地吧"，不论作为问话或答话，语音形式一样。我们曾就此请教了林焘先生和冯世澄、马希文、孟琮先生以及刘一之女士（他们四位均为地道的北京人），另又询问了北京大学中文系汉语专业的五位北京学生，他们的回答都是肯定的。

乙：不远。

甲：有五里地吧？〔属（F）〕

乙：差不离。

（15）甲：打这儿去民族学院远不远？

乙：不太远，也不算近。

甲：有五里地吧？〔属（F）〕

乙：有五里地吧。〔属（E）〕

对上面所举的例（13）—（15）里的"吧"，目前语法学界有两种处理意见。

第一种是将"吧"分析为两个：疑问句（F）里的"吧"为"吧$_1$"，非疑问句（E）里的"吧"为"吧$_2$"。"吧$_1$"表示疑问语气，"吧$_2$"表示非疑问语气，包括祈使语气、测度语气。[①]

第二种是将"吧"分析为一个，即把（E）和（F）里的"吧"看作同一个语气词，这个"吧"表示"不肯定"语气。至于（F）的疑问语气，认为"是由疑问语调决定的，和'吧'无关"。[②]

第一种处理意见我们认为不可取。我们无法获得充分的根据可以确认疑问句（F）里的"吧"只表示疑问语气，非疑问句（E）里的"吧"只表示测度、祈使语气；相反，事实告诉我们，

[①] 参见吕叔湘《中国文法要略》§15.18，§16.91，§17.41—44，商务印书馆，1982年版；朱德熙《语法讲义》§16.3；赵元任《中国话的文法》§8.5.5。吕、赵二位先生认为表示疑问的"吧"可看作"不啊"的合音。此说值得商榷，从汉语史上找不到根据。关于这个问题这里不讨论。

[②] 参见胡明扬《北京话的语气助词和叹词》（下），《中国语文》1981年第6期。

疑问句里的"吧"同时含有测度、祈使的语气意义，而非疑问句里的"吧"则同时含有"有所疑"的意味。总之，从语音形式和语法意义上，都找不到足够的根据可以证明把（F）和（E）里的"吧"看作两个不同的语气词。

我们同意把（E）和（F）里的"吧"看作同一个语气词，但是我们并不同意第二种处理意见中的某些说法。说"吧"表示"不肯定"语气，这说法是否好，似可斟酌；说（F）的疑问语气"是由疑问语调决定的"，这缺乏事实依据。我们觉得，吕叔湘先生在《语法学习》里关于"吧"的一段论述很值得重视，现抄录于下：

> 表示疑信之间语气的语气词是"吧"。例如：
>
> （问）这片地有二百亩吧？
>
> （答）有吧。
>
> 这一问一答都在疑信之间。问的人估计这片地有二百亩，但是不敢肯定，要问别人，可以说是疑多于信。答的人也不敢肯定，但相信二百亩的估计近于事实，可以说是信多于疑。①

这是一段很有见地的论述。遗憾的是吕先生这段论述只是就表示"测度语气"的句子说的。在吕先生看来还有一个表示祈使

---

① 吕叔湘：《语法学习》，中国青年出版社 1955 年版，第 99 页。

的语气词"吧"。事实上，吕先生的上述论述何尝不适用于表示祈使语气的句子呢？试比较：

$$(a)\begin{cases}有五里地吧？〔疑多于信〕\\ 有五里地吧。〔信多于疑〕\end{cases}$$

$$(b)\begin{cases}我们回去吧？〔疑多于信〕\\ 我们回去吧。〔信多于疑〕\end{cases}$$

（a）表示测度语气，（b）表示祈使语气。（a）（b）两组句子显然是平行的。

吕叔湘先生曾经指出："由于汉语缺少发达的形态，许多语法现象就是渐变而不是顿变，在语法分析上就容易遇到各种'中间状态'。……划分起来都难于处处'一刀切'。这是客观事实，无法排除，也不必掩盖。"①我们觉得，"吧"就是一个处于"中间状态"的语气词，它介乎疑问语气词和非疑问语气词之间，是一个表示"疑信之间语气"的语气词。相应的，带"吧"的句子，不管是（F）还是（E），也是一种处于"中间状态"的句子，它介乎疑问句和非疑问句之间；正由于这样，它既可以用于问话，也可以用于答话或平叙句。至于什么时候可以用于问话，什么时候可以用于答话或平叙句，这完全由上下文（即语境）决定。当带"吧"的句子受某种语境的制约，作为疑问句出现时，句子的语

---

① 吕叔湘：《汉语语法分析问题》§5，商务印书馆 1979 年版。

气"疑多于信",这时"吧"就起着负载疑问信息的作用；当带"吧"的句子受某种语境的制约，作为非疑问句出现时，句子的语气就"信多于疑"，这时"吧"就侧重表示测度或祈使的语气。

八

根据以上分析，我们认为现代汉语中的疑问语气词有两个半："吗""呢"和半个"吧"。"啊"虽能出现在疑问句末尾，但它在疑问句里不起负载疑问信息的作用，所以不能看作疑问语气词。

周遍性主语句及其他

§1.引言

周遍性主语句是指主语以一定形式强调其所指具有周遍意义的一种主谓句。例如：

（1）任何干部不能搞特殊化。

（2）个个意气风发，斗志昂扬。

周遍性主语句有两种，一种是通过词汇手段形成的，如例（1）用具有任指作用的区别词"任何"[1]来强调主语所指的周遍性；一种是通过语法手段形成的，如例（2）是通过重叠量词"个"来强调主语所指的周遍性。本文只讨论用语法手段造成的周遍性

---

[1] 参见朱德熙《语法讲义》§4.14，商务印书馆1982年版，第53页。区别词或称非谓形容词。

主语句。为使行文简便起见，以下就径直把"用语法手段造成的周遍性主语句"称为周遍性主语句。

根据所运用的语法手段的不同，周遍性主语句可分为三小类：

A. 主语由含有表示任指的疑问代词的名词性成分所充任的周遍性主语句。例如：

（3）什么人都可以进去看看。

B. 主语由数词为"一"的数量短语所充任的周遍性主语句。例如：

（4）一个人也不休息。

C. 主语由含有量词重叠形式的名词性成分所充任的周遍性主语句。如上文所举的例（2），再如：

（5）家家都用上了煤气炉。

下面先对这 A、B、C 三小类周遍性主语句进行描写说明，进而讨论一些与之相关的问题。

§2. 关于 A 类周遍性主语句

众所周知，汉语里的疑问代词除了用于提问表示疑问外，还有两种用法，一是任指用法，即用以指某范围内的任何一个，任何一种，强调没有例外；二是虚指用法，即用以指不知道的，或说不出的，或不愿说出的人、事物、处所、时间等。这两种用法一般称为"疑问代词的非疑问用法"。[①] A 类周遍性主语句就是靠疑问代词的任指用法形成的。

A 类周遍性主语句的主语有三种情况：

A$_1$ 主语直接由表示任指的疑问代词充任。例如：

（1）谁都了解这个情况。

（2）谁也不想去。

（3）谁都很勇敢。

（4）谁都不笨。

（5）什么都好看。

（6）什么也不便宜。

A$_2$ 作主语的是一个在定语部分包含有表示任指的疑问代词的名词性偏正结构。例如：

---

① 参见朱德熙《语法讲义》§6.16，商务印书馆 1982 年版，第 93—94 页。

（7）谁家的孩子都得守这个法。

（8）哪个单位的领导也不能特殊。

（9）什么菜都很便宜。

（10）谁做的菜他也不觉得好吃。

A₃ 作主语的是个内中包含有表示任指的疑问代词的"的"字结构。例如：

（11）做什么工作的都得有文化。

（12）谁家的也不能去。

（13）谁买的都便宜。

（14）哪一家的都不那么听话。

上述 A 类周遍性主语句，不管是 A₁、A₂ 或 A₃，都有肯定与否定两种形式，谓语部分都总伴有"都、也"一类副词。以往的有关论著已经指出，"肯定句里'都'比'也'占优势，否定句里'也'比'都'占优势。"① 这里需要补充说明的是，如果谓语由形容词性成分充任，肯定句只能用"都"，不能用"也"，如例（3）（5）（9）（13）都不宜说成：

* 谁也很勇敢。

---

① 参见朱德熙《语法讲义》§6.16，商务印书馆1982年版，第93页。

* 什么也好看。

　　* 什么菜也很便宜。

　　* 谁买的也便宜。

否定句用"都"用"也"都可以，如例（4）（6）（14）等。

§3. 关于 B 类周遍性主语句

　　B 类周遍性主语句有一个明显的特点：只有否定形式，没有肯定形式。例如"一个人也不休息"没有相应的肯定形式"* 一个人都休息"。

　　B 类周遍性主语句的主语有两种情况：

　　B_1　主语是个"数・量・名"结构。例如：

　　（1）一个人也不去。

　　（2）一个战士都没有伤着。

　　（3）一个房间也不干净。

　　（4）一支笔都不好写。

"数・量・名"里的"名"也可以是个"的"字结构。例如：

　　（5）一个会写会算的也没有来。

　　（6）一个好的都没有见着。

（7）一件干净的也挑不出来。

B₂ 主语是个"数·量"结构（即数量词）。例如：

（8）一个也不走。

（9）一位也没来参加。

（10）一盏都不亮。

上述 B 类周遍性主语句，不管是 B₁ 或 B₂，谓语部分一般也都伴有"都/也"，但不像 A 类那样严格。当充任谓语的是"不/没+单个儿谓词"① 时，"都/也"可以不出现。

例如：

（11）他起劲地在那儿叫卖了半天，过路的人仍然只是看看，仍然一个不买。

（12）也不知道是他教育不得法，还是学生笨，教了半天，一个不会，把他气坏了。

（13）"他们来人了吗？""工程局？一个没来。"

（14）这橘子不酸，真的，一个不酸，不骗你。

关于 B 类，还有一个现象很值得注意，那就是如果谓语动词

---

① 谓词包括动词和形容词。多半是单音节的。

是个及物动词，它后面一般不带宾语，下面的句子不好说一定是错的，但听起来很别扭：

（15）？一个学生也不认得这个字。

（16）？一个孩子都不听他的话。

（17）？一个人也不觉得这儿苦。

（18）？一位老师都不想参加比赛。

例（15）—（18）的意思通常采用下面的说法来表示：

没有一个学生认得这个字（的）。

没有一个孩子听他话（的）。

没有一个人觉得这儿苦。

没有一位老师想参加比赛。

例（15）（16）还可以采用下面的说法来表示：

这个字一个学生也不认得。

他的话一个孩子都不听。

§4. 关于 C 类周遍性主语句

C 类周遍性主语句的主语有两种情况：

C_1 主语本身就是个量词重叠式。例如：

（1）人人都想参加这次联欢晚会。

（2）个个都容光焕发。

（3）家家都已用上电灯了。

（4）门门都不及格。

C_2 主语是一个"量词重叠式 + 名词"的偏正结构。例如：

（5）颗颗麦粒都很饱满。

（6）条条大路都通北京。

（7）顿顿晚饭都有鱼有肉。

（8）件件家具都不是自己买的。

关于 C 类周遍性主语句，下面三点值得注意。

1. 肯定形式多于否定形式，特别是 C_2 句子，除了使用"不是……"这样一种否定形式外，其他否定形式很少用。下面的说法都是很别扭的：

? 颗颗麦粒都不饱满。

? 条条大路都不通北京。

　　? 顿顿晚饭都没有鱼、肉。

　　? 件件家具都不自己买。

　2. 不管是肯定形式还是否定形式，谓语部分都只能用"都"，不能用"也"，即使在否定式里。我们不说：

　　＊人人也想参加这次联欢晚会。

　　＊门门也不及格。

　　＊颗颗麦粒也很饱满。

在用"都"这一点上，也不如 A 类那么严格。有的似有强制性，非用"都"不可，如例（1）（3）（5）（8）里的"都"就不能去掉，我们不说：

　　? 人人想参加这次联欢晚会。

　　? 家家已用上电灯了。

　　? 颗颗麦粒很饱满。

　　? 件件家具不是自己买的。

有的则没有强制性，如例（2）（4）（6）（7）里的"都"全可以去掉，说成："个个容光焕发""门门不及格""条条大路通北京"等，其中的规律现在还不清楚。

3. 不是所有的量词都能重叠表示周遍意义，能重叠表示周遍意义的量词大约只占整个量词的 12% 左右，常见的有：个、根、条、张、人、家、层、包、页、件、节、颗、门、粒、样、年、天、场、双、碗、桶、网、箱、盘、顿等。

§5. 周遍性主语句的共同特点

上述三小类周遍性主语句有三个很重要的共同特点：

1. 一般主谓句，句子的自然重音在谓语上，而这些周遍性主语句，句子的自然重音都在主语上，而且一般都在主语的第一个音节上。[①] 例如：

'谁都了解这个情况。

'什么也不便宜。

'哪一家的都不那么听话。

'一个人也不去。

'谁做的菜他也不觉得好吃。

'人人都想参加这次联欢晚会。

2. 一般主谓句既能在主语前加"是不是"，也能在主语后加"是不是"以形成反复问句。例如：

---

① 说得确切一点，重音都在表示周遍意义的那个词语的开头一个音节上。例如"做什么工作的都得有文化"（§2 例 11），重音在"什"上。

（1）小玲考上清华大学了。——是不是小玲考上清华大
学了？

小玲是不是考上清华大
学了？

（2）衣服给他撕破了。——是不是衣服给他撕破了？

衣服是不是给他撕破了？

而这些周遍性主语句，只能在主语前加"是不是"，不能在主语
后加"是不是"以形成反复问句。例如：

（3）谁都了解这个情况。——是不是谁都了解这个
情况？

*谁是不是都了解这个
情况？

（4）一个人也不去。——是不是一个人也不去？

*一个人是不是也不去？

（5）人人都想参加。——是不是人人都想参加？

*人人是不是都想参加？

3.一般主谓句，当作为分句时，如要加连词，既可以加在主
语前，也可以加在主语后。例如：

（6）他拿了本地图出来。——如果他拿了本地图出来，

　　　　　　　　　　　　……

　　　　　　　　　他如果拿了本地图出来，

　　　　　　　　　　　　……

　　（7）他姐姐是个工程师。——虽然他姐姐是个工程师，

　　　　　　　　　　　　……

　　　　　　　　　他姐姐虽然是个工程师，

　　　　　　　　　　　　……

　　而这些周遍性主语句，当作为分句时，如要加连词，只能加在主语之前，不能加在主语之后。例如：

　　（8）什么都觉得新鲜。——如果什么都觉得新鲜，

　　　　　　　　　　　　……

　　　　　　　　　* 什么如果都觉得新鲜，

　　　　　　　　　　　　……

　　（9）谁的办法也行不通。——既然谁的办法也行不通，

　　　　　　　　　　　　……

　　　　　　　　　* 谁的办法既然也行不通，

　　　　　　　　　　　　……

　　（10）一盏灯也不亮。——因为一盏灯也不亮，……

　　　　　　　　　* 一盏灯因为也不亮，……

　　（11）门门都不及格。——即使门门都不及格，……

　　　　　　　　　* 门门即使都不及格，……

§6.所谓"前置宾语"

早期的语法论著中有"宾语前置"（或"宾语倒装"）一说。经过 1955—1956 年那次关于汉语的主语和宾语问题的大讨论之后，现在已很少有人把"钱花完了""精力也绞尽了""这个字我不认得""这样的事情谁肯干""学生们功课做完了"① 里的"钱""精力""这个字""这样的事情""功课"看作前置宾语了。但是，对于周遍性主语句，至今仍有人只承认"谁都要去""一个人也不走""个个都很勇敢"是主谓句，而不承认下面的句子也是主谓句：

（1）什么也看不见啦。

（2）什么他也不知道。

（3）一句话也不讲。

（4）一口水他都没喝。

（5）样样都得自己干。

他们认为例（1）—（5）里的"什么""一句话""一口水""样样"等都是"前置宾语"。②

① 这些例子摘自《汉语的主语宾语问题》，中华书局 1956 年版。

② 分别见胡裕树主编《现代汉语》（增订本），上海教育出版社 1981 年版，第382—383 页；吕冀平《汉语语法基础》，黑龙江人民出版社 1983 年版，第206—207 页；刘月华、潘文娱、故铧《实用现代汉语语法》，外语教学与研究出版社，1983 年版，第 270 页。

为什么要把例（1）—（5）看作前置宾语句，他们都没有说理由。其实，从句法上来看，例（1）—（5）跟上文介绍的周遍性主语句是同一种句式。

上面我们介绍各小类周遍性主语句时，有意都举的是施事主语句或形容词谓语句，这是大家都公认的主谓句。现在不妨把例（1）—（5）这些所谓前置宾语句（或称变式句）跟上文介绍的大家公认为主谓句的周遍性主语句比较一下，看看相同在哪儿，不同在哪儿。通过比较我们将不难发现：

一、这些所谓前置宾语句同样无一例外地具备 §5 里所指出的三个特点。

1. 句子的自然重音也都在句首：

　　'什么也看不见啦。
　　'什么他也不知道。
　　'一句话也不讲。
　　'一口水他都没喝。
　　'样样都得自己干。

2. 如果加"是不是"形成反复问句，也都只能加在句首，例如：

什么也看不见啦。——是不是什么也看不见啦？
　　　　　　　　　*什么是不是也看不见啦？

什么他也不知道。——是不是什么他也不知道？

　　　　　　　　＊什么是不是他也不知道？

一句话也不讲。——是不是一句话也不讲？

　　　　　　　　＊一句话是不是也不讲？

一口水他都没喝。——是不是一口水他都没喝？

　　　　　　　　＊一口水是不是他都没喝？

样样都得自己干。——是不是样样都得自己干？

　　　　　　　　＊样样是不是都得自己干？

3. 如果作为分句需加连词的话，也都只能加在句首，例如：

什么也看不见啦。——虽然什么也看不见啦，……

　　　　　　　　＊什么虽然也看不见啦，……

一句话也不讲。——即使一句话也不讲，……

　　　　　　　　＊一句话即使也不讲，……

样样都得自己干。——如果样样都得自己干，……

　　　　　　　　＊样样如果都得自己干，……

　　二、从所表示的语法意义看，例（1）—（5）与上文介绍的周遍性主语句一样，也都表示周遍意义。

　　三、根据一、二两点所谈的，很显然例（1）—（5）这些句子跟上文介绍的周遍性主语句，从形式到意义存在着一系列平行现象。当然也有所不同，不同的是，例（1）—（5）里的"什么""一句话""一口水""样样"是后面谓语动词的受事,而不是施事。

如果我们承认上文介绍的 A、B、C 三小类句子是主谓句;如果我们承认受事成分能作主语,即承认"钱花完了""这个字不认得""信寄了"跟"他花完了""我不认得""我寄了"一样是主谓句,那么我们就没有理由不把例(1)—(5)也看作周遍性主语句,就没有理由硬要把这些句子看作"前置宾语句"。

我们认为,下面这些句子也都属于我们所说的周遍性主语句:

(6)哪一天都忙得要命。

(7)哪个地方都买不到适合我穿的衣服。

(8)一天也闲不下来。

(9)一次也没有看过。

(10)顿顿都吃米饭。

(11)回回都吃败仗。

因为这些句子跟上文介绍的周遍性主语句之间也存在着一系列句法上的平等现象。

§7. 关于主语和话题

赵元任先生认为,在汉语里把主语和谓语分别看作话题

（topic）和陈述（comment，或译为述题）比较合适。① 朱德熙先生也持这种看法，认为从表达的角度说，主语是话题，谓语是陈述。② 在这里，我们不打算就国内外一些学者关于汉语句子里的主语和话题的种种说法作什么评论，我们只想指出，就汉语而言，主语不一定就是话题，话题也不一定就是主语。

必须指出，主语和话题是两个不同层面上的概念。主语是从词与词之间的语法结构关系的角度说的，它是句法学（syntax）里的概念；话题则是从表达的角度说的，它是语用学（pragmatics）里的概念，二者不能画等号。

事实告诉我们，主语不一定都能是话题。首先，句子平面上才可能有话题，词组平面上的主语绝不可能是话题。试比较：

（1）┤ 小王开汽车。
　　　 皮儿软了。
　　　 他不想参加。

（2）┤ 小王开汽车的时间不短了。
　　　 皮儿软了的好吃。
　　　 这就是他不想参加的原因。

在（1）（2）两组例子里都含有"小王开汽车""皮儿软了""他不想参加"这些主谓结构。但是，在（1）组里这些主谓结构处

---

① 参见赵元任《汉语口语语法》（A Grammar of Spoken Chinese）§2.4.1。

② 参见朱德熙《语法讲义》§1.3.5，商务印书馆 1982 年版，第 17 页。

于单说地位，即独立成句，其中的主语"小王""皮儿""他"都可以看作话题；而在（2）组里这些主谓结构处于被包含状态，仅作为词组，其中的"小王""皮儿""他"不是句子的主语，只是主谓词组里的主语，就不能成为话题。

其次，即使在句子平面上，句子的主语也不一定就是话题。举例来说，询问主语的特指问句，实际上就只有陈述，没有话题。例如：

（3）谁去？

（4）哪一位要红茶？

例（3）（4）里的"谁""哪一位"是主语，但不是话题。同样，作为例（3）（4）答话的例（5）（6）：

（5）老李去。（回答"谁去？"）

（6）我要红茶。（回答"哪一位要红茶？"）

尽管都是主谓句，但其中的主语"老李""我"只是主语，而非话题。

本文讨论的周遍性主语句，其主语也不能看作话题（理由见下文 §8）。

总之，汉语里的主语不一定是话题。反之，汉语里可以看作话题的也不一定非得是主语，某些居于句首的介词结构（如

"在……""对于……""关于……""至于……"等）就可以作为话题。例如：

（7）在房门的左边放着两个方凳。

（8）对于工资问题一般都比较关心。

（9）关于那起交通事故已向领导作了汇报。

（10）至于水泥另外再想办法。

因为像"在""对于""关于""至于"这样一些介词，"它们用在句首，作用在指明话题"。①

§8. 话题的形式标志

既然句法上的主语不一定是话题，句法上不是作主语的有可能是话题，那么根据什么来确定汉语里的话题呢？

我们认为，汉语里的话题有一定形式标志，这些形式标志就是：

1. 非句子的自然重音所在。换句话说，如果一个句子有话题又有陈述，那么句子的自然重音一定在陈述上，而不在话题上。

2. 能在其后加上"是不是"形成反复问句。换句话说，如果一个句子有话题又有陈述，那么在话题与陈述之间一定可以插入"是不是"，使句子变为反复问句。

---

① 参见胡裕树《试论汉语句首的名词性成分》，《语言教学与研究》1982年第4期。

3. 能在其后加上前置连词，使句子成为一个分句。换句话说，如果一个句子有话题又有陈述，那么在话题与陈述之间一定可以插入前置连词，使句子变为复句中的一个分句。

以上三条是确定汉语句子话题的形式标志。上文曾指出，本文所谈的周遍性主语句其主语不能看作话题（§7），就因为这些句子虽是主谓句，但不具有作为话题的形式标志。下面的句子虽是主谓句，但其主语也不是话题，因为也都不具备作为话题的形式标志：

（1）电话联系吧。

（2）大碗盛。（回答"用什么碗盛？"）

（3）盆儿装吧。（回答"用盆儿装，还是用纸包？"）

（4）一个人干。（回答"几个人干？"）

例（1）—（4）句子的自然重音都不在谓语上，而是在句首第一个音节上；主语和谓语之间都不能插入"是不是"以形成反复问句；主语之后都不能加前置连词，使之变成一个复句里的分句。汉语的事实告诉我们，汉语的句子可以只有陈述，而不出现话题，像例（1）—（4），以及上文举到的询问主语的特殊问句及其答话，以及本文所谈的周遍性主语句，便都是只有陈述而不出现话题的句子。

上述三条确定话题的形式标志，除第一条外，朱德熙先生曾拿来作为识别主语以区别于状语的标志。^①事实告诉我们，用这两条不足以区分"主谓"和"状中"，而拿来确定话题倒是有用的。这样一来，又产生一个新的问题：怎样从形式上来区分"主谓"和"状中"？这还有待于我们去进一步探索。

---

① 参见朱德熙《语法答问》，商务印书馆 1985 年版，第 33—35 页。

关于语义指向分析

§1. 引言

1.1 以布龙菲尔德（L.Bloomfield）为代表的美国描写语言学的语法研究，重在对某一种语言或方言的语法规则作细微的、静态的描写；乔姆斯基（N.Chomsky）所开创的生成语法学则重在从理论上探求人的语言机制和人类语言的普遍语法，并解释这个普遍语法如何在一定的条件下生成为各种各样的人类自然语言。这是两种不同的研究路子。这两种研究不应该是对立的，就研究对象来说，它们也有所交叉。因此，彼此应该互相吸取，相辅相成。在这里我特别要指出的是，不可忽视描写语法学的存在和价值。描写语法学还有它存在的价值，并有进一步发展的必要，而在发展过程中它也会不断吸取其他语法理论的合理因素。应该看到，在对某一具体语言的语法规律作深入、细致的挖掘和描写上，它还会作出其他语法理论所无法完全代替的贡献。

目前中国大陆的语法研究还是以描写语法学为主，主要还是对汉语普通话或某一种方言的语法作细微的、静态的研究、描写，虽然现在也开始出现了对汉语普通话作宏观的、解释性的研究。本文所说的语义指向分析就是描写语法学里所运用的一种分析方法。这是中国大陆在 20 世纪 80 年代开始出现的一种新的句法分析方法。

1.2　什么叫语义指向？不妨先看个实例：

　　　　砍光了

　　　　砍累了

　　　　砍钝了

　　　　砍快了

　　　　砍疼了

　　　　砍坏了

从格式上看，以上各例都是"动 + 形 + 了"述补结构。但是，其补语成分的语义所指各不相同。请看：

　　　　砍光了 [补语"光"在语义上指向"砍"的受事，如"树砍光了"。]

　　　　砍累了 [补语"累"在语义上指向"砍"的施事，如"我砍累了"。]

　　　　砍钝了 [补语"钝"在语义上指向"砍"的工具，如

"这把刀砍钝了"。]

砍快了 [补语"快"在语义上指向"砍"这一动作本身，如"你砍快了，得慢点儿砍"。]

砍疼了 [补语"疼"在语义上有时可指向"砍"的受事，如"把他的脚砍疼了"；有时可指向"砍"的施事的隶属部分，如"砍了一下午，我的胳膊都砍疼了"。因此这是一个有歧义的结构。]

砍坏了 [补语"坏"在语义上有时可指向"砍"的受事，如"别把桌子砍坏了"；有时可指向"砍"的工具，如"他那把刀砍坏了"。因此这也是一个有歧义的结构。]

以上所说的区别，就是补语语义指向的不同，即补语在语义上指向哪儿各不相同。可见所谓语义指向就是指句中某一成分在语义上跟哪个成分直接相关。通过分析句中某一成分的语义指向来揭示、说明、解释某一语法现象，这种分析手段就称为语义指向分析法。

§2. 语义指向分析面面观

2.1　不是所有的句法成分都有必要去考察它的语义指向，如"吃苹果"，我们就没有必要去考察"苹果"的语义指向。根据语法研究的需要，有下列三种句法成分的语义指向值得考察。（一）补语，如上面所举的例子。（二）修饰语，特别是状语，例如：

（1）他早早地炸了盘花生米。

（2）他喜滋滋地炸了盘花生米。

（3）他脆脆地炸了盘花生米。

这三句话，就格式上看完全相同，所差只在作状语的词不同：例
（1）用"早早地"，例（2）用"喜滋滋地"，例（3）用"脆脆
地"。然而其语义指向各不相同：例（1）"早早地"在语义上指
向谓语动词"炸"，例（2）"喜滋滋地"在语义上指向"炸"的
施事"他"，例（3）"脆脆地"在语义上指向"炸"的受事"花
生米"。（三）谓语，例如：

（4）他很好。

（5）昨天还很好，今天他怎么就病倒了？

例（4）谓语"很好"在语义上指向"他"；例（5）这一复句里
的前一分句"昨天还很好"虽是个主谓结构，但谓语中心"很
好"并不指向作主语的"昨天"，而指向其主体"他"。"他"在
"很好"所在的分句里没有出现。

　　以上三种句法成分虽不相同，但有共同点，那就是都是"说
明成分"——补语是补充性说明成分，状语是修饰性说明成分，
谓语是陈述性说明成分。

　　2.2　语义指向是指句法成分的语义指向，但是有些词，如副
词，它只能作状语，因此有时我们也可以径直说"副词的语义指

向"（意即副词作状语时的语义指向）。

2.3　对于句法成分的语义指向可从以下诸方面去考察。

一、是指前还是指后，即是指向它前面的成分，还是指向它后面的成分？例如：

（1）张三和李四都只吃了一片面包。

例（1）里的"都"和"只"都是副词，都是作状语，但是，"都"指前，即"都"在语义上指向它前面的成分"张三和李四"，而"只"则指后，即"只"在语义上指向它后面的成分"一片面包"。

二、是指向句内成分还是指向句外成分？某个句法成分在语义上通常指向句内某个成分，例如：

（2）他把饼干吃光了。

例（2）谓语中心"吃"在语义上指向其施事"他"，补语"光"在语义上指向"吃"的受事"饼干"，所指都在句内。有时所指也可在句外。例如：

（3）剩下的肉随随便便地炒了盘木须肉。

例（3）状语"随随便便地"在语义上是指向"炒"的施事，而这个施事没有在句中出现。

三、是指向名词性成分，还是指向谓词性成分，还是指向数量成分？请看实例：

（4）我只看看。

（5）我没吃什么，只吃了个苹果。

（6）苹果我只吃了三个。

副词"只"在例（4）（5）（6）中都是作状语，但语义指向有区别：在例（4）里指向动词"看看"，在例（5）里指向名词"苹果"，在例（6）里指向数量成分"三个"。"只"的语义指向会受语境的影响而所指不同，例如：

（7）我没干什么，只玩儿电子游戏了。

（8）我没吃什么，只吃了一个面包。

（9）面包我吃得不多，只吃了一个面包。

例（7）"只"在语义上指向述宾结构"玩儿电子游戏"，由于"只"在这里指向谓词性成分，所以如果将名词性宾语"电子游戏"删去，说成（10）：

（10）我没干什么，只玩儿了。

句子仍然成立，不影响基本意思的表达。例（8）"只"在语义上指向名词"面包"，只因为这样，允许将数词"一"删去，说成（11）：

（11）我没吃什么，只吃了个面包。

甚至，在一定的语境下，动词性成分"吃了"都可以删去，说成（12）：

（12）我没吃什么，只面包而已。

例（9）"只"在语义上指向数量成分，所以句中的数量成分"一个"不能删去，而可以删去名词"面包"，说成（13）：

（13）面包我吃得不多，只吃了一个。

甚至，可以将动词性成分"吃了"删去，说成（14）：

（14）面包我吃得不多，只一个。

四、如果是指向名词性成分，那么它是指向主要动词的施事，还是受事，还是工具，还是处所，还是别的什么？例如：

（15）这个坑儿挖浅了。

（16）我挖累了。

例（15）（16）里的补语"浅""累"都只能指向它前面的成分，也都只能指向名词性成分"坑儿""我"，但二者又有区别，"浅"指向"挖"的受事（严格说"坑儿"是"挖"的结果，但也可看作广义的受事），而"累"则指向"挖"的施事。

五、对被指向的成分是否有什么特殊的要求？

前面讲到的句中的某个成分在语义上是指前还是指后，是指向体词性成分还是指向谓词性成分，等等，从某个角度说，也可以看作是对被指向的成分的某种要求。譬如说，所谓要求指前，也就是说被指向的成分必须在它前面出现；而所谓要求指后，也就是说被指向的成分必须在它的后面出现。不过这里我们要说的还不是这些，而是指某些特别的要求。举例来说，副词"究竟"用在疑问句里作状语，除了要求所指向的成分必须在它后面出现之外，还要求所指向的成分必须是一个有形的疑问成分。请看：

（17）他究竟去吗？

（18）他究竟去哪儿啦？

（19）他究竟去不去？

（20）他究竟去了没有？

（21）他究竟去广州，还是去上海？

（22）*他究竟去？

例（17）—（22）都是疑问句，但是例（17）—（21）都能说，因为都含有有形的疑问成分——例（17）是疑问语气词"吗"构成的疑问成分"去吗"，例（18）是疑问代词"哪儿"，例（19）（20）是反复问疑问成分"去不去"和"去了没有"，例（21）是表选择问的疑问成分"……，还是……"；而例（22）不能说，因为句中不含有任何有形的疑问成分（疑问句调不是有形的疑问成分）。所指向的成分必须是一个有形的疑问成分，这就是在疑问句中作状语的"究竟"所特别要求的。

再举一个例子。副词"总共"，其特点是在语义上只能指向数量成分，所以它一定要求数量成分与它共现。但它对所指向的数量成分还有特殊要求，那就是必须是一个指明范围的数量成分，不能是一个不指明范围的数量成分。例如：

（23）总共招收了一百个学生。

（24）我呀，总共只买了一个西瓜。

（25）他大约总共买了七八个西瓜。

（26）*他总共买了许多／很多／不少书。

（27）*他总共只买了一点儿苹果。

例（23）（24）数量成分表示的都是整数，都指明了数量范围〔即使像例（24）只是"一个"〕，所以都能说；例（25）数量成分表示的虽是约数，但还是有一个明确的数量范围，所以也能说。例（26）（27）则不同，其数量成分"许多""很多""不少""一点儿"都是不能指明范围的数量成分，所以这两个句子都不成立。所指向的数量成分必须是一个指明范围的数量成分，这就是副词"总共"在语义指向上的特殊要求。

总之，对于句法成分的语义指向可以从多方面去考察。正是通过对某一句法成分语义指向的多方面具体分析，达到解释、说明某种语法现象的目的。

§3. 语义指向分析法的作用

语义指向分析揭示了句法成分在语法上和语义上的矛盾，指明了句法成分之间，特别是间接的句法成分之间语义上的种种联系，从而可以比较合理地解释句法结构和语义结构之间复杂的对应关系。语义指向分析法的具体作用，大致可从以下几方面看：

3.1　可以进一步帮助分化歧义句式。

歧义句式是客观存在的。怎样分化歧义句式？将因歧义句式的性质不同而方法各异。有的可通过层次切分法来加以分化。例如：

（1）发现敌人的哨兵回营房了。

这个句子既可看作是（a）一个主谓句，意思是"那个哨兵回营房了，而那个哨兵发现了敌情"；也可看作是（b）一个非主谓句，意思是"发现了一个敌情，那就是敌人的哨兵回营房了"。

这个歧义句就可以用层次切分法来加以分化。请看：

（a）
发现　敌人　的　哨兵　回　营房　了
_____　_____

（b）
发现　敌人　的　哨兵　回　营房　了
____　_____

有的可通过成分定性法来加以分化，例如：

（2）我们不需要进口设备。

这句话既可理解为（a）"我们不需要从国外进口什么设备"；也可理解为（b）"我们不需要进口的设备"。这个歧义句就不能用层次切分法来加以分化，因为它不管表示哪一种意思，层次切分是一样的。请看：

（a）
我们　不　需要　进口　设备
____　_____
_____　____
__　____　____

```
         我们   不   需要   进口   设备
（b） ___   _____
           ___   ___
           _   ___   ___
```

这个句子之所以会表示两种不同的意思，只是因为"进口"和"设备"这两个成分之间的语法关系不同，按（a）意，"进口"和"设备"之间是述宾关系；按（b）意，"进口"和"设备"之间是修饰关系。因此这个歧义句可以通过成分定性法来加以分化。有的歧义句式，层次切分法和成分定性法都无法加以分化，得用变换分析法才能加以分化。例如：

（3）山上架着炮。

这句话既可以理解为（a）"山上有炮架着"，表示存在，表静态；又可以理解为（b）"山上正在架炮"，表示活动，表动态。这两种意思既不能用层次切分法来加以分化，也不能用成分定性法来加以分化，因为例（3）不管表示哪种意思，其内部层次构造和语法结构关系都是一样的。但是这句话可以用变换分析法来加以分化。原来，这个句子不管表示哪种意思，其格式都是："NP_L+V+着+NP"。如按（a）意，它可以变换为（c）"NP+V+在+NP_L"（炮架在山上），即：

（a）NP_L+V+ 着 +NP（山上架着炮）→（c）NP+V+ 在 +NP_L（炮架在山上）

这时，"山上架着炮"与"门上贴着对联"属同一句式。而按（b）意，则可变换为（d）"NP_L+ 正在 +V+NP"（山上正在架炮），即：

（b）NP_L+V+ 着 +NP（山上架着炮）→（d）NP_L+ 正在 +V+NP（山上正在架炮）

这时，"山上架着炮"与"外面下着雨"属同一句式。请注意：（a）能变换为（c），但不能变换为（d）；反之，（b）能变换为（d）但不能变换为（c）。正是通过这不同的变换，分化了这一个歧义句式。可是，有的歧义句式，上述三种分析法都不能加以分化。例如：

（4）你别砍坏了。

这个句子，既可以表示（a）"你别把桌子（或别的什么被砍的东西）砍坏了"，也可表示（b）"你别把刀砍坏了"。这两种意思无法用上面这三种方法来加以分化，因为无论从层次构造、语法结构关系上看，还是从句式变换上看，表示这两种意思时都是一样的，其格式都是"NP+ 别 +V+A+ 了"。对于这样的歧义句式就可用语义指向分析法来加以分化，因为补语 A（坏）的语义指向不同：表示（a）意时，补语 A（坏）在语义上指向 V（砍）的受事，如桌子什么的；表示（b）意时，补语 A（坏）在语义上则指向 V（砍）的工具，如刀。由此我们就分化了"你别砍坏了"这一歧义句。证明是，如果将其变换为"NP_1+ 别 + 把 +NP_2+V+A+ 了"，那么"把"的宾语 NP_2 可以是受事宾语，如：

（5）你别把桌子砍坏了。

也可以是工具宾语，如：

（6）你别把刀砍坏了。

再举一个例子：

（7）老张有一个女儿，很骄傲。

这是个复句，它有歧义，它既可表示（a）"老张有一个女儿，他很骄傲"的意思（指老张很骄傲）；也可表示（b）"老张有一个女儿，她很骄傲"的意思（指那女儿很骄傲）。层次切分法和成分定性法都无法分化这一歧义句，变换分析法虽然能分化这一歧义句，但手续复杂。当然，我们也可以从省略、隐含或主题链等角度去说明其歧义。但是也可以用语义指向分析法来分化，而且比较方便。只需指出后一分句"很骄傲"不同的语义指向就行了。当它表示（a）意时，后一分句在语义上指向前一分句的主语"老张"；当它表示（b）意时，后一分句在语义上指向前一分句的宾语"女儿"。证明是，如果将后一分句的主语补出来，既可以是"老张"，如：

（8）老张有一个女儿，所以老张很骄傲。

也可以是"女儿"，如：

（9）老张有一个女儿，那女儿很骄傲。

总之，语义指向分析法为分化歧义句式又提供了一种新的方法。如果说层次切分法、成分定性法和变换分析法是属于形式方面的分析方法，那么语义指向分析法则是属于意义方面的分析方法，二者是互为补充的。

3.2　可以帮助解释某些句法结构的语法意义。

语义指向分析法可以用来帮助解释某种句法结构的语法意义。举例来说，"VA 了"述补结构（如"洗干净了、晾干了，锯长了、买大了，挖深了、剪短了"）可以表示两种语法意义：（a）表示某种结果的实现，如"洗干净了、晾干了"；（b）表示某种预期结果的偏离，如"锯长了、买大了"。有的"VA 了"述补结构，如"挖深了、剪短了"，可以兼表（a）（b）两种意义。

例如：

（1）你要我挖的坑儿我已经挖深了，你看这样行吗？

你的头发，剪短了好看。

（2）你这个坑儿挖深了，得回填些土。

我觉得你的头发剪短了，留长一点儿好看。

例（1）里的"挖深了、剪短了"表示（a）义，例（2）里的"挖深了、剪短了"表示（b）义。

现在我们要问：同属"VA 了"述补结构，为什么有的表示（a）义，有的表示（b）义，而有的能兼表（a）义和（b）义？这当然有多种因素在起作用。首先与 A 的性质有关。当 A 为表示褒贬义的形容词时（我们将这类形容词记为 A_1），"VA_1 了"都只表示（a）义，不能表示（b）义，如"洗干净了、搞糟了"；而当 A 为不表示褒贬义的形容词时（我们将这类形容词记为 A_2），"VA_2 了"都能表示（b）义，而能不能表示（a）义，这就跟"VA_2 了"中 A_2 的语义指向有关了。语言事实告诉我们，当 A_2 在语义上指向 V 本身时（如"走快了、跑慢了、来晚了、来早了、等久了"等），或者当 A_2 在语义上指向 V 的施事或受事位移的距离时（如"走远了、坐近了、踢远了、搬近了"等），都能表示（a）义。试以"来早了""走远了"为例：

（3）你来早了，现在牙科挂号不紧张，用不着那么早来。

这次你又走远了，再往这里走几步。

（4）过去他老迟到，经大家批评后，最近他来早了。

她慢慢地走远了，消失在人群之中了。

例（3）里的"来早了""走远了"都表示（b）义，例（4）里的"来早了""走远了"就都表示（a）义。而当 A_2 在语义上指向 V 的施事或受事时（前者如"长高了、养胖了"，后者如"锯短了、锯长了、买贵了"），能不能表示（a）义就不一定了（将要受到另外的因素制约）。如"锯短了"能表示（b）义，也能表示（a）义。例如：

（5）这一根竹竿儿锯短了，只好报废了。〔表示（b）义〕

（6）那几根竹竿儿已按你的要求锯短了。〔表示（a）义〕

可是像"锯长了、买贵了"就只能表示（b）义，不能表示（a）义。例如：

（7）那根竹竿儿锯长了，还得锯掉三公分。

（8）你的衣服买贵了。

3.3　可以帮助说明某种语言单位具备不具备某种语法功能的规律。

语义指向分析法也可以用来解释某种语言单位具备不具备某

种语法功能的具体规律。举例来说，"动词＋结果补语"的结构
（一般简称为"述结式"或"动结式"）有的能带宾语，有的不能
带宾语，其规律何在？当然这也有多种因素在起作用。结果补语
的语义指向就是其中的一种因素。语言事实告诉我们，由及物动
词充任结果补语的述结式〔如"听懂、学会、喝剩、跑丢（了）"
等〕都能带宾语。例如：

     （1）小张听懂了大娘的话。

     （2）我只学会了两出戏。

     （3）他们喝剩了一瓶酒。

     （4）弟弟跑丢了一只鞋。

而由非及物动词（包括不及物动词和形容词）充任结果补语的述
结式能不能带宾语就跟结果补语的语义指向有关。具体情况大致
如下：如果补语在语义上指向述语动词的施事，这种述结式不能
带宾语，如"唱红（了）、哭傻（了）、走热（了）、变乖（了）"
等都不能带宾语；如果补语在语义上指向述语动词本身的，这种
述结式也不能带宾语，如"抓晚（了）、打重（了）、走早（了）、
住长（了）"等都不能带宾语；如果补语在语义上指向述语动词
所表示的行为动作的工具的，这种述结式能带宾语，所带宾语限
于工具宾语，如"撬折（了）、砍钝（了）、哭哑（了）"等都能
带工具宾语（也只能带工具宾语），例如：

（5）他一连撬折了两根木棍。

（6）不会砍的，会砍钝刀。

（7）小心哭哑了嗓子。

如果补语在语义上指向述语动词所表示的行为动作的处所的，这种述结式也能带宾语，如"挤满（了）、搜遍（了）、跑遍（了）"等都能带宾语，例如：

（8）教室里挤满了听讲的人。

（9）公安人员搜遍了他的住处。

（10）我跑遍了北京城都没有买着适合他穿的西服。

如果补语在语义上指向补语本身所直接说明的主体的，这种述结式也都能够带宾语，如"吃圆（了）、叫醉（了）、哭湿（了）"等都能带宾语，例如：

（11）那马一匹匹都吃圆了肚子。

（12）一声"鲁老"叫醉了鲁风的心。

（13）她哭湿了枕头。

如果补语在语义上指向述语动词的受事的，那么这种述结式有的能带宾语，有的不能带宾语（至于什么情况下能带，什么情况下不能带，这另有规律，这里不细说了）。

3.4 为解释某些语法现象提供了一种新的角度。

语义指向分析法也为解释某些语法现象提供了一种新的角度。请先看实例：

　　（1）到底我去哪里好呢？

　　（2）到底谁去北京好呢？

值得我们注意的是，例（1）句首状语"到底"可移至主语"我"的后边，说成（3）：

　　（3）我到底去哪里好呢？

可是，例（2）句首的状语"到底"则不能移至主语"谁"的后边，我们不能说：

　　（4）＊谁到底去北京好呢？

这为什么呢？我们怎样来解释这一现象呢？运用语义指向分析法可以很好地解释这一现象。要知道，副词"到底"跟"究竟"一样，在疑问句中作状语时，在语义指向上有两个特点：一是它在语义上所指向的成分必须是一个有形的疑问成分；二是它在语义上只能指向它后面的成分，不能指向它前面的成分。显然，例（1）（2）（3）符合状语"到底"的语义指向特点的要求，"到底"

所指向的有形的疑问成分（"哪里"或者"谁"）不管是在例（1）（2）还是例（3）里，都在"到底"的后边；而例（4）不符合"到底"语义指向特点的要求，因为在例（4）里，"到底"所指向的疑问成分"谁"跑到"到底"的前面去了，所以例（4）不能成立。

再譬如说，"吃（了）他一个苹果"，这是一个单宾结构〔带领属性定语"他"的偏正结构"他一个苹果"作"吃（了）"的宾语〕，还是一个双宾结构（"他"为与事宾语，"一个苹果"为受事宾语）？语法学界意见不一。语义指向分析为解决这一问题提供了一种新的分析角度。语言事实告诉我们，汉语中有一些副词在语义上可以或者只能指向数量成分，前者如"只"，后者如"总共、一共"，例如：

（5）只吃（了）三个苹果〔"只"在语义上可以指向"三个"〕

（6）总共吃（了）三个苹果〔"总共"在语义上只能指向"三个"〕

（7）一共吃（了）三个苹果〔"一共"在语义上只能指向"三个"〕

但有条件，"只、总共、一共"它们所指向的数量成分只能直接处于宾语位置〔如例（5）—（7）〕或者直接受它们修饰（如"只三个""总共三个""一共三个"），而不允许数量成分前有限制性定语（包括领属性定语）。下面的说法都站不住：

（8）*只吃（了）红的三个苹果｜*只吃（了）他的三个苹果

（9）*总共／一共吃（了）红的三个苹果｜*总共／一共吃（了）他的三个苹果

（10）*只红的三个苹果｜*只他的三个苹果

（11）*总共／一共红的三个苹果｜*总共／一共他的三个苹果

例（8）—（11）之所以站不住，就因为数量成分前面有限制性定语。注意，例（8）（10）"只"如果不是指向数量成分，而是指向作定语的名词性"的"字结构"红的""他的"，那么句子能成立。现在让我们回过头来再看"吃（了）他三个苹果"。如果我们在动词"吃"的前面加上"只、总共、一共"这些在语义上可以或者只能指向数量成分的副词，则下面的说法都能成立：

（12）只吃（了）他三个苹果

（13）总共吃（了）他三个苹果

（14）一共吃（了）他三个苹果

很明显，例（12）—（14）里的"只、总共、一共"都能在语义上指向数量成分"三个苹果"，可见这些句子里的"他三个苹果"

125

不能看作是偏正结构。由此也就通过语义指向分析说明了把"吃（了）他三个苹果"分析为双宾结构是比较合理的。这里我们需要附带说明，例（12）里的"只"在语义上既可指向数量成分"三个苹果"，也可指向"他"，而这一点跟"只"在典型的双宾结构中的语义指向是完全平行的，请看：

（15）只给（了）他三个苹果

例（15）里的"只"在语义上也是既可指向作为受事宾语的数量成分"三个苹果"，也可指向作为与事宾语的"他"。

语义指向分析也为同义副词的辨析提供了一种新的分析角度。周小兵就曾从语义指向的角度较好地辨析了表示限定的"只"和"就"的异同。

3.5　我们看重语义指向分析还在于它能为我们提出一些新的研究课题，引起我们思考，从而有助于开阔语法研究的思路，将语法研究引向深入。

副词的语义指向问题就很值得研究。从语法功能看副词比较单纯，它只能作状语，但是它在句中的语义指向却极为复杂。有的只能指后，如"刚、挺"等；有的只能指前，如"互相、一律、一概"等；有的则既能指前，也能指后，如"都、全、分别"；有的只能指向谓词性成分，如"亲自、悄悄、渐渐"等；有的只能指向名词性成分，如"互相、一块儿"等；有的只能指向数量成分，如"总共、一共"等；有的既能指向谓词性成分，也能指向名词性成分，还能指向数量成分，如"只"；有的在语义指向上有特殊要求，如前面举到的"究竟、到底、总共"等。单是副词的语义指向问题就可为我们提出许多研究课题。我们既可以从总体上来研究副词的语义指向问题，说明副词在语义指向上的规律，并根据语义指向的不同给副词分类；我们也可以研究个别副词的语义指向问题，譬如可单独研究副词"只"在语义指向上的规律，说明它在什么条件下指向动词性成分，在什么条件下指向名词性成分，在什么条件下指向数量成分，在什么条件下在语义指向上会出现歧解，怎样进行分化；再譬如副词"都"既能指前（他们都来了），也可以指后（他都看些不三不四的书），那么在什么条件下指前，在什么条件下指后，如果在语义指向上出现歧解，其规律何在，怎么分化，这都值得研究。

从 §1 所举的实例就大致可以看出补语在语义指向上的复杂性。补语的语义指向问题也是一个很值得研究的问题。补语在语义上到底能指向哪些方面？造成不同语义指向的内在规律是什么？造成某个述结式的补语在语义指向上有歧解，其条件是什么？这也都值得研究。

状语的语义指向问题也是非常值得研究的。张力军曾对由状态形容词充任的状语作了研究，他试图揭示造成这种状语不同语义指向的规律。他的研究虽尚有不严密之处，但给人以启迪。汉语中的状语有多种类别，每一种状语在语义上都不可能只指向某一个成分。怎样探讨各种状语造成不同语义指向的内在规律？怎样根据不同的语义指向给所充任的词语分类？这也是新的研究课题。再有，状语在语义上可指向句内成分，也可指向句外成分。在什么情况下指向句内成分，在什么情况下指向句外成分？这一问题的探讨对研究句法成分的省略也将会给以启迪。

再譬如说，上文曾说到，语义指向分析所考虑的问题之一是指前还是指后（参看 §2.3）。这也可以引起我们去思考很多问题：为什么有些副词（如"究竟""到底"等）一定指后呢？为什么有些副词（如"互相""一概"等）只能指前呢？这指前指后是由什么因素决定的？其中有无规律可循？

以上也还都是举例性的，毫无疑义，这些研究都将会把语法研究引向深入，而且它很可能会帮助我们揭示出一些意想不到的语法规律。

§4. 语义指向分析产生的背景

语义指向分析产生于中国 80 年代。在胡树鲜《两组副词的语义特点及其多项作用点》一文中已有萌芽。文章并没有用到"语义指向"这一术语，但文章所谓的"作用点"大致相当于语义的指向。沈开木在《表示"异中有同"的"也"字独用的探索》一文中首次提到了语义关系上的"指向"。我们知道，如果没有上下文语境，"也"可有"多项指向"。文章总结了"也"字"多项指向"优先顺序的规律："也"字指向前面的比较项而产生的潜在义排在先，指向后面的比较项而产生的潜在义排在后；如果都指向前面的比较项，那么"也"字指向全句修饰语、主语、状语（或小主语）而产生的几个潜在义，形成一个顺序，离"也"字越近越领先；如果是指向后面的比较项，那么"也"字指向动词、宾语而产生的潜在义的先后将是"宾先于动"。但是，文章也还没有完整地使用"语义指向"这一个术语。第一次完整使用这一术语的，是刘宁生，他的文章标题就是《句首介词结构"在……"的语义指向》，在文章中，他分析了由"在"组成的介词结构在句首时的语义指向，指出"在……"在句法上分析为全句修饰语，但是它的语义指向并不一致，可以指向谓语（如"在您门口我们捡着她丢的一块手绢。"），也可以指向主语（如"在掌声中，第一个走进来的是蓝东阳。"）。在这之后，在语法分析中运用语义指向分析的文章就多起来了。

语义指向分析产生于中国大陆 20 世纪 80 年代，这不是偶然的。在 80 年代初，著名的语言学家朱德熙先生在一次小型沙龙上带着开玩笑的语气说了这么一段话："语法研究发展到今天，如果光注意形式而不注意意义，那只能是废话；如果光注意意义而不注意形式，那只能是胡扯。"这段话发人深思，同时也表明中国语法学界已深深意识到语法研究必须走形式和意义相结合的路子。我们知道，从 1898 年《马氏文通》诞生到 20 世纪 50 年代初，汉语语法研究基本上是在传统的间架里进行的。传统语法学导源于古代希腊的传统语法的体系，按这套体系，分析语法的标准是纯意义，而不注重形式。50 年代开始，美国描写语言学的理论与方法开始逐步影响中国语法研究，先后出现了一批成功运用美国描写语言学分析原则和方法的论著。但是也有副作用，那就是又出现了只注重形式，而不考虑意义的倾向。但是我们知道，语法研究的最终目的是要探求清楚形式和意义之间的对应关系——什么样的意义用什么样的形式来表达；反之，什么样的形式可以表示什么样的意义。显然，要实现这一目的，单纯作意义分析，或者单纯作形式上的结构分析，那都是不行的，而必须走形式和意义相结合的道路。率先走形式和意义结合之路的是朱德熙先生。朱先生在 1978 和 1979 年相继发表的《"的"字结构和判断句》《与动词"给"相关的句法问题》都贯彻了形式和意义结合的原则。值得注意的是，朱德熙提出了显性语法关系和隐性语法关系这两个概念，朱先生指出，"所谓显性语法关系指的就是通常所说的主谓、述宾、偏正等结构关系"，"隐性语法关系是隐藏在显性语法关系后边的潜在的语法关系"。例如"出租汽车"，既可看作名词性结构，又可看作动词性结构。作为名词性结构，"出租"和"汽车"之间是修饰和被修饰的关系，可是在这种关系背后还存在另一种关系，即动作和受事的关系。作为动词性结构，"出租"和"汽车"之间是述语和宾语的关系，同时二者之间仍然存在着动作和受事的关系。朱德熙先生强调指出，"'述语—宾语'和'动作—受事'并不是同一种关系"。同年，陆俭明则作了更加明确的说明："在语法研究中，应注意到这样一个事实，即句子成分之间总是同时存在着两种不同性质的关系——语法结构关系和语义结构关系。我们所说的语法结构关系就是指主谓、述宾、述补、偏正、联合等结构关系；我们所说的语义结构关系是指诸如动作和动作者、动作和受事者、动作和工具、动作和处所、事物和性质、事物和质料以及事物之间的领属关系等。""这两种同时并存而性质不同的关系总是同时影响着句子意思的表达。"很显然，在语法研究中树立形式和意义结合的观点、树立句中有两种并存的语法关系的观点，这都将使我们关于语法的静态描写更加完美圆满。我们高兴地看到，20世纪80年代以来中国大陆发表的有关汉语语法研究的优秀论文都很好地贯彻了形式和意义相结合的原则。语义指向分析正是在这样的研究背景下产生的。它的产生将有助于语法研究更好地贯彻形式和意义结合的原则。

语义指向分析法的产生也受到菲尔墨（C.J.Fillmore）格语法理论的影响。我们知道，菲尔墨所说的"格"是指名词（包括代名词）与动词（包括形容词）之间的及物性关系，其形式标志是介词或语序。菲尔墨的格语法理论是为纠正当年乔姆斯基转换生成语法理论上的缺陷而提出来的，但是对描写语法学来说也有借鉴作用，特别适用于汉语语法研究。众所周知，汉语语法特点之一是缺乏形态，注重意合，相关的句法成分之间往往包含着较大的语义容量和复杂的语义关系而基本上无形式标志。例如，下面所举的都是述宾结构（述语都由"吃"充任）：

吃苹果 吃食堂 吃大碗 吃老本

但是述语与宾语之间的语义关系，则各不相同："吃"和"苹果"之间是动作和受事的关系，"吃"和"食堂"之间是动作和处所的关系，"吃"和"大碗"之间是动作和工具的关系，"吃"和"老本"之间则是动作和凭借的关系。而这种语义关系上的不同并无任何形式标志。这样，就汉语来说，说明某个句法结构是主谓关系或述宾关系，这当然需要，但仅仅做到这一步是不够的，还必须说明主谓之间或述宾之间复杂多样的语义关系。这正如吕叔湘先生曾指出过的，如果动词谓语句里出现一个或几个名词，它们跟动词的语义联系是多种多样的，这种语义联系决定它们在句子里的活动方式，因此仅仅把这个表为宾语，把那个表为主语，这是不够的，还必须查考这样的名词同时可以出现几个，各自跟动词发生什么样的语义联系，等等。显然，"格"理论适应了这个需要。所以"格"语法理论自 1980 年介绍到我国来以后，就立刻引起汉语语法学界和计算语言学界的兴趣，并加以吸收，来研究汉语中名词与动词之间的语义格。"格"理论确实能解释不少语法现象。例如：

（1）这批图书送北京大学。

这是一个有歧义的句子。对于这样一个歧义句式，当然我们也可以用其他方法（如变换分析法）来加以分化，但是用"格"理论来分化、说明这一歧义句，不仅比较简便、清楚，而且比较深刻。原来，例（1）所以有歧义，就因为"北京大学"既可看作"送"的与格，又可看作"送"的终点格。证明是，当"北京大学"为"送"的与格时，"送"后可加上"给"，句子可说成：

（2）这批图书送给北京大学。

而当"北京大学"为"送"的终点格时，"送"后可加上"到"，句子可说成：

（3）这批图书送到北京大学。

指出这种格关系上的不同，使人们不仅知道例（1）确有歧义，而且明了例（1）所以有歧义的原因（当然跟动词"送"的不同意义也有关系，这里不细说了）。

  "格"语法理论对描写语法学来说是有用的，但是也有它的局限性。我们知道，句子里的语义关系是复杂、多样的，而"格"语法理论只适用于说明名词和动词之间的语义关系，对于其他语义关系，它就无能为力了。"格"语法理论有局限，但它给人以启迪。正是在"格"理论的影响下，汉语语法研究中开始引进了新的分析手段——语义指向分析，它能适用于复杂、多样的语义关系。

§5. 结束语

  语义指向分析的产生进一步扩大了我们的研究视野，推进了汉语语法研究，使语法研究更好地实现形式和意义的结合。
  语义指向分析是结合汉语语法研究的实际产生的，但我们相信，它不仅适用于汉语语法研究，也将适用于其他各种语言的语法研究。

当然，语义指向分析法跟其他任何分析方法一样，也有它的局限性，那就是它不能解释某一个句法成分所以会有复杂的语义指向的原因。这又需探求新的分析方法来加以补充。

研究上的突破往往有赖于研究方法，包括分析方法的革新。分析方法的发展总有它深刻的内在和外在的原因。就内在原因说，每一种分析方法的产生都包含着革新的因素，但每一种分析方法又都有它的局限性，正是这种局限性，促使人们去探求新的分析方法。就外在原因说，那就是研究本身的需要，新的分析方法的产生正是适应了这种研究的需要。我们期待着在未来的汉语语法研究中句法分析方法能有进一步的发展。

语义指向分析 20 世纪 80 年代初就开始运用了，但至今未见有人对它进行全面的评论。本文希望能起到抛砖引玉的作用。

在本文写作过程中，沈开木先生和邵敬敏、周小兵、郭锐等诸位给了我很多帮助，张敏和徐杰在看了本文的初稿后提出了宝贵的意见，谨在此一并深致谢意。

词语之间语义结构关系的多重性

　　我先前发表的《汉语句法研究的新思考》一文中，对汉语句法研究提出了一种新的想法，认为"过去所谓的汉语句法规则，其中实际上包含了语法、语用两方面的规则。由于汉语没有严格意义上的形态变化，因此在汉语句子平面句法规则和语用规则是混杂在一起的。我们真要把握汉语句法规则，首先要研究词组的构造规则。研究的步骤是，先研究清楚词组的基本构造规则，再探讨句子平面上的句法变化规则及其条件和语用变化规则及其条件"。前两年我又就"句法—语义"接口问题，进行了一些思考，我在文章中谈到，无论从理论上来说，还是从中文信息处理的应用角度说，亟须从交际过程中编码、解码的角度来考虑问题，具体可以有不同的研究、探索思路——一种是从考虑句子意思组成的角度来研究探索，研究探索一个句子的意思是由哪些意义编织成的，这些意思是怎样编织成一个句子的意思的。这个思路可以看作是由外往里的思路。另一种是考虑人到底是怎么把自己对于客观世界的认知所得通过言辞表达出来的。这个思路可以看作是由里往外的思路。但无论从哪个思路研究、探索，都会涉及一些深层次的语义问题。今天就想说说自己最近的一个新想法——相同词语之间可以存在多重语义结构关系，以求教于大家。希望大家提出意见，提供实例。

一、词语之间可以形成多重语义结构关系

两个相同的词语，组合在一起，有可能形成不同的句法结构关系，比如"出租"和"汽车"组合在一起，有可能形成"定—中"修饰关系（如在"叫一辆出租汽车"里）；也有可能形成"动—宾"支配关系（如在"他们专门出租汽车"里）。同样，"我写的"和"散文"之间，有可能是"定—中"修饰关系（如：我写的散文哪比得上她呀！），有可能是主谓关系（如：我写的散文，而她写的是诗歌。）。"我们"和"三班"之间，既可以构成"定—中"偏正关系（如：年级主任王老师说："我们三班是全校的重点班。"），也可以构成同位关系（如：三班班长说："我们三班所以能在全校作文比赛中夺魁，都应该归功于我们的语文老师，也就是我们的班主任曾老师。"），还可以构成主谓关系（如："同学，你们是几班？""我们三班。"）。相同词语之间可以形成多重句法结构关系，这早就引起语法学界的关注与研究；而相同词语之间也能形成多重语义结构关系，这一点似尚未引起语言学界充分注意。

在具体论述相同词语之间可以形成多重语义结构关系这个观点之前，先作一点说明，那就是词语之间的句法结构关系，直接受词序的影响，"富士山高高的"与"高高的富士山"，包含的词语完全相同，由于词序不同，二者的句法结构关系也就完全不同——"富士山高高的"是主谓关系，"高高的富士山"则是"定—中"修饰关系。如果是词序相同而形成不同的句法关系，那就会产生歧义，如前面举的"出租汽车""我写的散文"和"我们三班"等。词语与词语之间的语义结构关系是无序的，从语义结构关系上来说，"富士山高高的"也好，"高高的富士山"也好，"富士山"和"高高的"之间都是"事物—性状"关系（"高高的"都是用来说明"富士山"的性状的），只是前者采用的是修饰性说明，后者采用的是陈述性说明。

为了具体说明"词语之间可以形成多重语义结构关系"这一观点，不妨先从现代汉语里的存在句说起。请先看下面的实例：

（1）台上坐着主席团

床上躺着病人

门口站着许多孩子

……

（2）墙上挂着画

门上贴着一副对联

头上戴着帽子

……

这些句子就是通常所谓的存在句。对于这类存在句，汉语语法学界已经讨论得很多很多。但是如果站在今天的认识高度，现代汉语中这种存在句有许多问题还需要我们去作出进一步的解释。

第一，例（1）各句的施事，即一般所谓的域外论元，怎么跑到动词后面去了？

第二，例（2）里的动词是二元动词，其受事论元在动词后作宾语，但是，为什么动词的施事论元在这种存在句中没有出现，而且也不能出现？

第三，句首的处所成分前为什么不用介词"在"？

第四，语言事实告诉我们，假如同为述宾结构，如果宾语的语义角色不同，所表示的语法意义就会有差异。例如：

（3）a. 吃苹果［宾语为受事］

　　 b. 吃大碗［宾语为工具］

　　 c. 吃食堂［宾语为处所，一说方式］

　　 d. 吃环境［宾语为目的］

　　 e. ……

例（3）各个例子的动词后的语义角色各异，a、b、c、d 等各个述宾结构所表示的语法意义也各不一样。那么为什么在存在句里宾语的语义角色可以不一样——例（1）里的宾语为施事，例（2）里的宾语为受事，而整个格式所表示的语法意义却一样，都表示存在，表静态呢？

生成语法学派也注意到了这个问题，想了各种办法试图来解释这一现象。说那是因为前面有个处所成分，这就压抑了动词的施事——如果是一元动词，那么施事得移到动词之后；如果是二元动词，就不能在句中出现。但人们还要追问：为什么句首出现了处所成分就会把动词的施事压抑住了呢？为什么"302 房间里确实看见过一只老鼠"，句首是处所成分，而动词的施事仍然能在句中出现？请看：

（4）302 房间里确实看见过一只老鼠。

302 房间里我确实看见过一只老鼠。

可能的回答是，例（1）（2）是存在句，例（4）不是存在句。可是人们又得问：为什么存在句句首出现了处所成分就会把动词的施事压抑住了呢？

顾阳又认为例（2）里的动词经历了一个"从二元到一元的涵变过程"，这些"存现动词的涵变，使动词的论元结构发生了变化，从而导致了句法上的变化"。这里且不说动词是否发生了构词上的涵变，这种解释本身有循环论证之嫌——例（2）存在句怎么形成的？是由其中的动词从二元动词涵变为一元动词造成的；你怎么知道这里的动词发生了从二元动词到一元动词的涵变？因为它们出现在了存在句。这岂不是循环论证吗？

这两年也有人用动词空壳（verb shells）理论和轻动词（light

verb，用 v 来表示）理论来解释。Chomsky 把轻动词看成是个引导动词语的成分。按动词空壳理论和轻动词理论可以这样解释存在句：在这些句子的动词结构前还有一个表示存在义的轻动词结构，即：

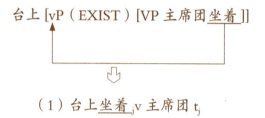

（1）台上坐着ⱼv 主席团 tⱼ

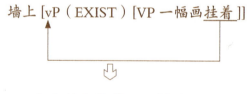

（2）墙上挂着ⱼv 一幅画 tⱼ

但是，也并不能对前面提出的第二、第三个问题作出回答。

应该看到，轻动词理论说到底也无非是为了圆或者说补论元结构理论。

事实上，对于存在句，我们不能按照常规的眼光，即不能按照生成语法学里的论元结构理论来判断它，实际上这是一种特殊的句式，这种句式从语义上来说，不能再用"施事""受事""动作"这一套语义术语来看待，这种存在句式的语义配置应该看作："存在处所—存在方式—存在物"。换句话说，例（1）"主席团"

和"坐"之间虽然有"施事—动作"的潜在关系，但在这个存在句里，凸显的不是"施事—动作"的关系，而是"存在物—存在方式"的关系。同样，例（2）"挂"和"画"之间虽然有"动作—受事"的潜在关系，但在"墙上挂着一幅画"这个存在句里，凸显的不是"动作—受事"的关系，而是"存在方式—存在物"的关系。

上面举的存在句的例子说明，"主席团"和"坐"之间，就语义结构关系说，在某个场合，如在"他刚坐下"句子中，是"施事—动作"的关系；在某个场合，如在例（1）里，则是"存在物—存在方式"的关系。同样，"挂"和"画"之间，就语义结构关系说，在某个场合，如"他正在大门口挂灯笼"，是"动作—受事"的关系；在某个场合，如在例（2）里，则是"存在方式—存在物"的关系。这种语言现象，我们称之为"词语之间语义结构关系的多重性"。

二、词语间语义关系多重性具有普遍性

"词语之间语义结构关系的多重性"是普遍存在的。这里不妨再举一个汉语里的例子。

按照乔姆斯基的论元结构理论和论旨理论，动词"吃"和"人"，"吃"和"饭"，都只有一种语义结构关系，即"人"是"吃"的施事，"饭"是"吃"的受事。事实并不是如此。请看：

（5）那个人吃了一锅饭。

（6）十个人吃了一锅饭。

　　从表面看，例（5）和例（6）的语义配置一样，"人""吃"
"饭"之间，在语义上都是"施事—动作—受事"的关系——
"吃"是动作，"那个人"／"十个人"是"吃"的施事，"一锅饭"
是"吃"的受事。可是实际上例（6）跟例（5）有很大的区别。
最明显的，例（6）"十个人"和"一锅饭"可以换位，换位后的
句子大家都能接受；例（5）则不行。请看：

　　（5′）＊一锅饭吃了那个人。

　　（6′）一锅饭吃了十个人。

　　怎么分析例（6′）？蔡维天认为，例（6′）还是"受事—动
作—施事"关系的"主—动—宾"句，并用轻动词理论来加以解
释，即：

　　（6′）一锅饭 [受事] 吃了 $_j$v 十个人 [施事] t$_j$。
　　　　　　　　　　　⇧
　　（6″）一锅饭 [受事] v [供／够] 十个人 [施事] 吃了。

　　这看来是解决问题了，其实没有。

第一，事实上，例（6′）和例（6），即：

（6）十个人吃了一锅饭。

（6′）一锅饭吃了十个人。

表面看，似乎语义配置不一样，例（6）是"施—动—受"，例（6′）是"受—动—施"；其实例（6′）和例（6）是同一种句式。从构式语法理论的角度看，都是"数量关系构式"，具体说，是一个"容纳量与被容纳量的数量关系构式"，这种数量关系构式的语义配置总是"容纳量—容纳方式—被容纳量"。这也就是为什么例（6）的主宾可以换位的原因。例（6）"十个人吃了一锅饭"，"十个人"是容纳量，"一锅饭"是被容纳量，"吃了"是容纳方式；例（6′）"一锅饭吃了十个人"，"一锅饭"是容纳量，"十个人"是被容纳量，"吃了"是容纳方式。这一点从它们表可能的否定式可以看得更清楚：

（7）a. 十个人吃不了一锅饭。

　　 b. 一锅饭吃不了十个人。

例（7）a句是说，十个人的饭量容纳不了一锅饭的饭量（那锅饭的量大，或者说那十个人的饭量小）；例（7）b句是说一锅饭的饭量容纳不了十个人的饭量（那十个人的饭量大，或者说那锅饭的量小）。二者都是说前面那个量容纳不了后面那个量。

事实上，例（6）内部的语义配置跟例（5）并不一样。例（5）确实是"施事—动作—受事"关系的"主—动—宾"句式，而例（6）则不再是"施事—动作—受事"关系的"主—动—宾"句式，而是上面说过的"容纳量—容纳方式—被容纳量"关系的"数量结构关系"句式。例（5）和例（6）的对比说明，虽同为"指人名词语—V—指食物名词语"，但在不同的场合可能会形成不同的语义结构关系，凸显不同的语义结构关系。这也就是"词语间语义结构关系多重性"的一种表现。应该承认，"人""吃""饭"之间，在语义上所存在的"施事—动作—受事"关系是最基础的语义结构关系，在一般的事件结构（或称"动作结构"）里，所凸显的就是"施事—动作—受事"这种基础的语义结构关系；但是在另一种结构里不一定凸显这种语义结构关系，而可能凸显另一种语义结构关系，"施事—动作—受事"只是它们之间的一种潜在的语义结构关系。

第二，轻动词理论只能解释"一锅饭吃了 / 能吃 / 吃不了十个人"；就不好解释"十个人吃了 / 能吃 / 吃不了一锅饭"，因为这里不能设想有个语义为 [供 / 够] 的轻动词。下面的例子实际都属于"容纳量—容纳方式—被容纳量"的数量结构关系结构：

（8）a. 十个人喝了 / 能喝 / 喝不了一瓶二锅头。

　　b. 一瓶二锅头喝了 / 能喝 / 喝不了十个人。

　　c. 一个人坐了 / 能坐 / 坐不了两个位置。

　　d. 一个座位坐了 / 能坐 / 坐不了三个人。

　　e. 一天写了 / 能写 / 写不了 50 个字。

　　f. 50 个字写了 / 要写 / 写不了一天。

g. 一天走了 / 能走 / 走不了五个村。

h. 五个村走了 / 要走 / 走不了一天。

而例（8）各例所潜在的基础的语义结构关系，即按照传统的观念分析，将是：

（8′）a. 十个人喝了 / 能喝 / 喝不了一瓶二锅头。

　　　施事—动作—受事

b. 一瓶二锅头喝了 / 能喝 / 喝不了十个人。

　　　受事—动作—施事

c. 一个人坐了 / 能坐 / 坐不了两个位置。

　　　施事—动作—处所

d. 一个座位坐了 / 能坐 / 坐不了三个人。

　　　处所—动作—施事

e. 一天写了 / 能写 / 写不了50个字。

　　　时间—动作—受事

f. 50个字写了 / 要写 / 写不了一天。

　　　受事—动作—时间

g. 一天走了 / 能走 / 走不了五个村。

　　　时间—动作—处所

h. 五个村走了 / 要走 / 走不了一天。

　　　处所—动作—时间

这种句式，表面看句中包含有动词，其实不是事件结构（或称动作结构），它具有"非动态性"的特点，因此句子所凸显的不是一般表示事件结构的句式里所理解的语义结构关系。它们都是表示容纳性的数量关系的句式，不管各句各自潜在的基础语义结构关系是什么样的关系，即不管按传统的观念怎么看待动词前后的这些名词语的语义角色性质，都可以统一为：

容纳量—容纳方式—被容纳量

句中的"V 了""能 / 要 V""V 不了"的不同只在于："V 了"和"能 / 要 V"用来形容容纳量大，只是前者已成为事实，后者则表示可能和需求；"V 不了"用来说明不能容纳这么多量。①

前面一开始所举的存在句的例子，以及例（5）和例（6）的对比说明，语言中相同的词语之间确实有可能形成不同的语义结构关系。先前，我们曾将这种现象称为"词语的语义多功能性"，现在看来，宜将这种语言现象称为"词语之间语义结构关系的多重性"。

三、词语间的语义关系类似人际关系

相同的词语之间可以形成多重语义结构关系，其中一定会有一种语义结构关系在人的认知域中被认为是最基础的语义结构关

---

① 关于"十个人吃了 / 吃不了一锅饭丨一锅饭吃了 / 吃不了十个人"这类表示"容纳量—容纳方式—被容纳量"的句式，还有些问题值得深入研究、探讨，譬如说，为什么不能说"*一锅饭吃了 / 吃不了一个人"？这个问题，是蒋绍愚教授提出的。

系。那相同的词语在某种特定的句式中出现时，只能凸显某一种语义结构关系，其他可能有的语义结构关系都只是潜在的关系；而所凸显的语义结构关系不一定是最基础的语义结构关系。"主席团""坐""椅子上"之间，在语义上存在着"施事—动作—处所"的语义配置关系，这是最基础的语义结构关系；但是在前面所举的存在句（"台上坐着主席团"）里，凸显的不是这种语义结构关系，凸显的是另一种语义结构关系——"存在处所—存在方式—存在物"的语义结构关系，而"施事—动作—处所"关系只是它们之间的一种潜在的语义结构关系。同样，"人""吃""饭"之间，在语义上存在着"施事—动作—受事"的语义配置关系，这是最基础的语义结构关系，但是在上面所举的例（6）（6′）里，凸显的不是这种语义结构关系，凸显的是另一种语义结构关系——"容纳量—容纳方式—被容纳量"关系，而"施事—动作—受事"关系只是它们之间的一种潜在的语义结构关系。这个情况有点儿类似人类社会中的人际关系。假设张志平和张骐轩二人，在家庭关系上是父子关系，但在公司里的业务关系上，作为儿子的张骐轩是总经理，作为父亲的张志平是会计，张志平和张骐轩二人在公司里凸显的不是父子关系，而是雇员与雇主的关系；张志平和张骐轩之间的父子关系虽是基础性关系，但在公司里只是一种潜在的人际关系。从某种意义上来看，我们能否认为，语言中这种"相同词语之间语义结构关系的多重性"也可以看作是社会生活中多重人际关系在语言中的一种反映或者说投射，因此这种现象也可以看作体现了认知语言学里所说的象似性（iconic，

词语之间语义结构关系的多重性 /

147

iconicity，也称"临摹性"）原则？我不敢肯定。

四、Jackendoff的一个看法

"词语之间语义结构关系的多重性"问题，似未见有论述。
Jackendoff 在《语义结构》一书中好像有类似的看法，他说：

> ……我们设想，概念上的角色可分为两个层级：主位层
> 级［thematic tier］和行为层级［action tier］。主位层级
> 涉及移动和处所，行为层级牵涉行为者—受事的关系。……
> 例如：
>
> （9）a.　Sue　hit　Freel.
>
> 　　　　 Theme　　 Goal　　 ［thematic tier］
>
> 　　　　 Actor　　 Patient　 ［action tier］
>
> 　　 b.　Peter　threw　the ball.
>
> 　　　　 Theme　　 Goal　　 ［thematic tier］
>
> 　　　　 Actor　　 Patient　 ［action tier］
>
> 　　 c.　Bill　entered　the room.
>
> 　　　　 Theme　　 Goal　　 ［thematic tier］
>
> 　　　　 Actor　　 Patient　 ［action tier］

但跟我们所说的"词语之间语义结构关系的多重性"不完
全一样——他说的是，同一个句子结构可以分别从主位和行为不

同的层面去认识，如例（9），从主位层面看，可以视为"位移结构"，其主语、宾语之间可以看作"主事—目标/位移终点"的关系；而从行为层面看，可以视为"事件结构"，其主语、宾语之间可以看作"动作者—受动者"的关系。我们说的是，同样的词语串在不同的句法结构里可以凸显不同的语义结构关系。上面说了，这种情况，如同人类社会中的人际关系，甲和乙可以或者说可能存在一种固有的潜在关系，但在不同的社会集团/群体中，可以呈现或者说凸显不同的人际关系。张潮生也曾注意到了语义关系的"多角度、多类型"，而且还提到"事物之间关系的角度更是多种多样，如两个人之间可以既是亲戚，又是同学"，但遗憾的是他没有往我们上面所说的那种词语之间多重语义关系方面去思考。

不过，Jackendoff 的看法，张潮生的有些想法，对我们认识词语之间语义结构关系的多重性有参考价值。为什么我们要将"主席团"与"坐"之间的"施事—动作"关系定为最基础的语义结构关系呢？为什么我们要将"画"与"挂"之间的"受事—动作"关系定为最基础的语义结构关系呢？因为这都是行为层级的语义结构关系，而凡属行为层级的语义结构关系在人的认知域里会定为最基础的语义结构关系，因为行为事件是人最早、最频繁发生、接触的事件，由动作动词与名词之间所形成的其他的语义结构关系都是由行为事件通过隐喻或转喻而成的。

五、造成词语间语义关系多重性的原因

词语之间语义结构关系的多重性这种现象的存在，其原因可能有二。

一个原因是，一个词的意义，是极为复杂的，这如同一个词的句法功能是复杂的一样。譬如，一个动作动词，就拿"吃"来说，它可以单独作谓语，可以带宾语，可以带补语，可以受否定词"不"或"没有"的修饰，可以后面带动态助词"了、着、过"，可以跟助词"的"构成"的"字结构，等等。这些都是动词"吃"的句法功能。但在一个特定的句法组合中，譬如在"吃着苹果"中，它只能实现并凸显带动态助词"着"和带宾语这样的句法功能，其余的可以看作是它潜在的句法功能。词的语义功能也是如此。"认知语言学"认为，语言并不是直接对应现实客观世界的，而是通过人脑中的认知域跟现实客观世界联系起来。作为一个词的一个义项，实际反映了人所感知的现实客观世界的某一方面或某一点在认知域里所形成的意象图式，而作为认知域里的一个意象图式，含有丰富的内容，投射为语言中的一个词的词义，其内涵也极为丰富复杂。就拿上面举的动词"吃"来说，它最基础的意义内涵是"用嘴咀嚼后将食物咽进体内"，而"吃"又可以通过隐喻或转喻产生各种引申含义，而在不同的句式中，实际只能实现或者说凸显词的义项的某一部分内涵。这样，我们就可以理解，在"那个人吃了一锅饭"中，实现或凸显的是"吃"的基础意义内涵；而在"十个人吃了／能吃／吃不了

一锅饭｜一锅饭吃了／能吃／吃不了十个人"里，实现或凸显的是体现"吃"的引申义，抽象为一种容纳方式，而作为"吃"的基础的意义内涵，只是潜在的。

另一个原因是，词语组合成句时还要受到所在构式的制约。上面说了，语言并不是直接对应现实客观世界的，而是通过人脑中的认知域跟现实客观世界联系起来。而人对现实客观世界的认识过程，就决定了人在认知上需要一个个认知图式，在语言中需要一个个语义表达框架，具体到某个语言，就需要一个个构式。一个构式需要多少词项，对进入构式的每一个词项的句法、语义有什么样的要求与限制，均由构式的语义表达决定。而作为一个词项，往往可以进入不同的构式，它在不同的构式则实现或者说凸显不同的意义内涵。这就决定了两个相同的词语由于出现在不同的构式里，因而就有可能形成不同的语义结构关系。再以动词"坐"为例，在不同的构式里就实现或者说凸显不同的词义内涵，请看：

在"事件构式"里——"主席团刚坐下"

["坐"实现其基础的意义内涵，"主席团"与"坐"是"施事—动作"关系]

在"存在构式"里——"台上坐着主席团"

["坐"实现其作为存在方式的意义内涵，"主席团"与"坐[着]"是"存在物—存在方式"关系]

在"容纳与被容纳数量关系构式"里——"三个人坐了

四个座位"

["坐" 实现其作为容纳方式的意义内涵,"三个人"与
"坐 [了]" 是 "容纳量—容纳方式" 关系]

这样,语言中存在 "词语之间语义结构关系的多重性" 是很
正常的事,只是以往我们对此没有认识到而已。

六、建立 "词语之间语义结构关系的
多重性" 观念的意义

建立 "词语之间语义结构关系的多重性" 的观念,重视并注
意研究分析语言中 "词语之间语义结构关系的多重性" 问题,将
有助于解释许多语法现象。这里也不妨再举两个实例来加以说明。

[实例一] "芯儿蛀了的"

"芯儿蛀了的",这是个 "的" 字结构。一般是怎样分析这个
结构的呢?在句法上,分析为主谓词组 "芯儿蛀了" 跟 "的" 形
成的 "的" 字结构;在语义结构关系上,分析为 "受—动" 加
结构助词 "的"。大家都知道,朱德熙先生创建了关于 "动词性
词语 + '的'" 这种 "的" 字结构歧义指数理论,并建立了一个
数学公式——"'VP 的' 歧义指数公式"[①]:P=n−m(P 代表歧义
指数,n 代表 "VP 的" 内 V 的配价数,m 代表 V 的配价成分
在 "VP 的" 内出现的个数)。其计算方式是:当 P=0 时,"VP

---

① 朱德熙先生原文中表示动词性结构的符号用的不是 "VP 的",而是 "DJ 的"。

的"不能作主宾语，只能作定语，如"张三游泳的"；当P=1时，"VP的"能作主宾语，也能作定语，作主宾语时不会产生歧义，如"张三参观的|参观联合国大厦的"，作主宾语时，前者只能指称"参观"的受事，后者只能指称"参观"的施事；当P≥2时，"VP的"能作主宾语，能作定语，作主宾语时会产生歧义，如"吃的"，作主宾语时，既能指称"吃"的施事（"谁吃羊肉？吃的举手！"），也能指称"吃"的受事（"你们等着，我去买点儿吃的。"）。"芯儿蛀了的"这一"的"字结构里只出现了动词"蛀"及其受事"芯儿"，动词"蛀"的施事未出现，按照朱德熙先生这个"VP的"歧义指数公式与理论，"芯儿蛀了的"这个"的"字结构按理应该指称没有在VP里出现的、作为动词"蛀"的施事的蛀虫。可是事实上当人们说"芯儿蛀了的"，听话者想到的不会是蛀虫，而是跟芯儿相关的梨、李子、桃子什么的，即那芯儿的领有者。这为什么？怎么解释这一现象？看来，原先，即目前一般人对于"芯儿蛀了的"这类"VP的"的内部语义结构关系的分析，是存在问题了。其实，"蛀"和"芯儿"在有的结构里，如在"那虫专蛀芯儿"里，可以形成并凸显动作和受事的关系，但是在"芯儿蛀了的"这个"的"字结构里，单就"芯儿蛀了"来说，那"芯儿"同时兼有两种语义身份——一方面跟"蛀"存在着"受事—动作"的关系，另一方面它同时又跟未在结构中出现的、实际是领有它的某个事物（如桃儿、李子、棒子等）存在着"隶属关系"。而当"芯儿蛀了"跟结构助词"的"构成"的"字结构时，"蛀"和"芯儿"虽然还是隐含

着"动作—受事"这一基础语义结构关系，但在这里并不凸显这种关系，而是凸显芯儿与其领有者的领属关系。其证明办法是，"芯儿蛀了的"这个"的"字结构，只能转指芯儿的领有者"李子""桃儿"或"梨"什么的，而不能转指"蛀"的施事。下面是类似的例子：

（10）撕了封面的站出来。

（11）撕了封面的是我的笔记本。

例（10）（11）作主语的都是"撕了封面的"，例（10）"撕了封面的"是转指动词"撕"的施事论元，可是例（11）"撕了封面的"却是转指"封面"的领有者"笔记本"。这清楚地表明，"封面"在例（10）（11）里虽然都处于动词后面的宾语位置上，但是在例（10）里，"封面"是作为动词"撕"的受事论元身份出现的，而在例（11）里，"封面"虽然与动词"撕"有潜在的"动作—受事"关系，但在这里凸显的不是这种关系，这里"封面"是作为"笔记本"的被领有物的身份出现的。将"芯儿蛀了的"和"撕了封面的"这两个"的"字结构相对照，可以看到另一条规则：一个动词的受事论元，如果居于动词后，并由此与助词"的"形成"的"字结构，则既可以凸显"动""名"之间"动作—受事"的语义结构关系，也可以凸显该"名"与在意义上领有它的另一"名"之间的"隶属关系"；而如果那"名"无标记地居于动词前，并由此与助词"的"形成"的"字结构，则只能凸显该"名"与在意义上领有它的另一"名"之间的"隶属关系"。

[实例二]"坐下来"

"坐下来",这是个带趋向补语的述补结构。"坐"为状态内动词,表示施事所呈现的一种状态。类似的动词如"站、立、躺、睡、跪"等。例如:

> (12)大家请坐下来。
>
> (13)站起来!
>
> (14)你慢慢儿躺下去。
>
> (15)他就这样慢慢儿跪下去了。

这类状态内动词都具有[+ 状态,+ 使附着]的语义特征,所形成的"动趋"结构都会有歧义。试以"坐下来"为例:

> (16)你不用老站着,不嫌累啊?坐下来歇歇。
>
> (17)你怎么坐上边儿去啦?来,坐下来,跟我坐一起!

例(16)里的"坐下来",表示动作者所呈现的状态的改变(原先不是呈现坐的状态),其中的"趋"表示动作者状态改变的自然趋向;而例(17)里的"坐下来",则表示动作者所处位置的变动,即改变原先所坐的位置——原来在高处,移位到低处。上述事实告诉我们,例(16)和例(17)里的"坐下来",虽从句法结构关系看均为"动趋"式，但内部语义结构关系则并不相同。这说明，动词"坐"和动词"下来"之间可以形成不同的语义结构关系，即在不同的语境中凸显不同的语义结构关系。其中，甲式所表示的语义结构关系可以认为是"坐"和"下来"之间的基础性语义结构关系。

像"芯儿蛀了的"、例（17）里表示动作者所处位置变动的"坐下来"这样的结构，像上面讨论的"十个人吃了一锅饭／一锅饭吃了十个人"这样的句式，以及像现代汉语里的存在句句式，实际都是一种难以为人们发现其内部真实的语义配置关系的隐性的语言事实，或者说隐性的语言现象。

建立"词语之间语义结构关系的多重性"的观念，重视并注意研究分析语言中"词语之间语义结构关系的多重性"问题，将会引导我们去发现更多的有价值的隐性的语言事实与语言现象，将有助于深化对语言事实的认识，将有助于语言研究的进一步深入；而这对中文信息处理和汉语教学也将有直接的参考价值。

语义和谐律

这几年我一直在思考研究句法语义问题，语义和谐律是我的研究心得之一。语言和谐问题，国内外都有所论述，但大多是就语音、用词、句式选择、会话原则等方面谈的。我是着重从句法语义的角度探讨并提出句法层面的语义和谐（semantic harmony）问题的。

一、句法说到底是语义问题

朱德熙曾指出："语言包括形式和意义两方面。语法研究的最终目的就是弄清楚语法形式和语法意义之间的对应关系。所以从原则上说，进行语法研究应当把形式和意义结合起来。不过这个话说起来容易做起来难。一会儿讲点意义，一会儿讲点形式，两方面没有内在的联系。这叫糅合，不叫结合。真正的结合是要使形式和意义互相渗透。讲形式的时候能够得到语义方面的验证，讲意义的时候能够得到形式方面的验证。"现在人们逐步认识到，语法问题，说到底，或者留有余地地说在很大程度上，是个语义问题，语法的种种现象，最后主要都得从语义上去解释，只有极少部分属于韵律问题。可是说到语义，大家都会觉得实在太复杂，太难以研究了。语义，犹如流沙，难以把握，不经意地就给漏掉了；语义，简直是个泥潭，一旦陷入，不能自拔：语义，酷似可怕的黑洞，一旦进去可能就杳无音讯。然而，既然已经逐步意识到语法问题说到底主要是个语义问题，那么语义问题再难我们也要去研究，去探索。

二、"语义和谐律"受"元音和谐律"之启迪而成

我关于"语义和谐律"的想法，是受到语音研究中"元音和谐律"（vowel harmony）观点的影响和启迪而提出来的。"元音和谐律"指的是在某些语言里，如在阿尔泰语族中的蒙古语、土耳其语、突厥语等语言里，松元音和紧元音，或者前元音和后元音，在一个词的各个音节里出现时，存在着"求同性、限制性、序列性、制约性"等要求。本文所说的句法层面的语义和谐跟阿尔泰语系某些语言的元音和谐具有相类似的特性。

我先前曾指出，句子的意思是由以下四部分意义整合而成的：句中的词汇意义、句法结构关系所赋予的意义、语义结构关系所赋予的意义、句子超语段成分所赋予的意义。后又增加了构式义。现在看来还得注意句子使用的具体语境义，也就是马真所说

的"语义背景"。语义和谐律将揭示这样一个事实：任何语言的任何句子都要求上述诸方面的语义处于一个和谐状态。因此，我们可以说，语义和谐律具有普遍性，任何语言都存在，而且可能是人类语言中最高的语义原则。

三、"语义和谐律"在语言中的具体体现

根据 20 世纪 80 至 90 年代所逐步形成的构式语法理论，语言的句法层面实际存在着一个个构式（construction），每个构式都是形式和意义的匹配（pair），都能表示独特的语法意义，而其形式也好、意义也好都无法从其组成成分或其他构式推知。这就是所谓构式义的"不可预测性"（unpredictable）。我们认同这些观点。我们所说的句法层面的语义和谐律，具体指以下三个方面。

一是整体的构式义与其组成成分义之间在语义上要和谐。例如，我们只能说"虚心点儿！""大方点儿！"，但是我们不说"*骄傲点儿！""*小气点儿！"，这为什么？袁毓林认为，那是因为出现在这种祈使句里的形容词 A 得具有"可控""非贬义"的语义特征，即：

A[＋可控，＋非贬义] 或 A[＋可控，－贬义]

可是我们却又能说"马虎点儿！""糊涂点儿！"，甚至在电视、电影导演过程中，导演可能会对某个场景向工作人员提出这

样的要求："这儿还不够脏乱。脏乱一点儿，再脏乱一点儿！"这又是为什么？其实，原因是共同的，那是因为"（NPs）A（一）点儿！"（NPs 代表主语，A 代表形容词）这一祈使句构式本身所表示的语法意义（简称"构式义"）是："要求听话人在某一点上达到说话人所要求的性状。"这一"构式义"决定了这个构式在对形容词词项的选择上以"可控的"而且是"非贬义"的形容词为优先选择词项，但不排除在特殊语境下选择可控的贬义词项，以达到说话人的某种特殊要求。再如，我们只能说"这种现象连科学家都解释不了"，却不能说"＊这种现象连三岁孩子都解释不了"；反之，只能说"这么简单的问题连三岁孩子都知道"，却不能说"＊这么简单的问题连科学家都知道"，这又为什么？这是因为某个事物，孤立地看，它只是孤立地存在着，其实它与其他事物发生错综复杂的联系，往往处于不同的序列之中，从而与其他事物形成不同的量级关系。就人来说，在对客观现象或问题的认识或解释上，在一般人的心目中，自然形成一种由低到高或由高到低的具有量级性质的序列，前者如"知识水平较低的孩子——有一定知识的成年人——很有知识的科学家"，后者如"很有知识的科学家——有一定知识的成年人——知识水平较低的孩子"。"（NPs）＋连＋NP＋都／也＋VP"这一"连"字句本身就是一个表示"极性强调"的构式，或者说是一个量级序位化"标举极端"的构式，这就必然要求整个构式义跟该构式中的 NPs、NP、VP相互之间在语义上要受"和谐机制的作用"的影响与制约。上面所举的两个实例，都涉及整体的构式义与其组成成分义之间的和谐问题。类似的构式如：

a.（NPs）+ 连 +NP+ 也 / 都 +VP。如：

　　这种现象连科学家也 / 都解释不了。

　　* 这种现象连孩子也 / 都解释不了。

b. 不仅 +X+VP，就连 / 甚至 +Y+ 也 / 都 +VP。如：

　　那年头，不仅小孩子喊饿，就连 / 甚至大人也 / 都饿得
受不了。

　　* 那年头，不仅大人喊饿，就连 / 甚至三岁孩子也 / 都
饿得受不了。

c. X+ 尚且 +VP，（更）何况 +Y。如：

　　厅长、局长尚且不放在张大华眼里，更何况那小小的
处长。

　　* 小小的处长尚且不放在张大华眼里，更何况那厅长、
局长。

d. 别说 +X+（VP），Y+ 也 / 都 +VP。如：

　　他们那里，别说馒头米饭吃不上，稀汤汤也 / 都喝不上。

＊他们那里，别说稀汤汤喝不上，馒头米饭也／都吃不上。

e. X+ 都 +VP，更别说 +Y+ 了。如：

这哪赶得上？乘车都赶不上，更别说靠两条腿走路了！

＊这哪赶得上？靠两条腿走路都赶不上，更别说乘车了！

f. 从 X 到 Y+VP。／从 X 升／降到 Y。如：

那几年她特走运，从实习生到部门经理连着往上升。

＊那几年她特走运，从部门经理到实习生连着往上升。

他这次错误犯得不小，从局长被贬到了处长。

＊他这次错误犯得不小，从处长被贬到了局长。

上述这些构式，我们都得用"整体的构式义与其组成成分义之间的和谐律"去加以阐释，这样才能解释得深刻，解释得透。

二是构式内部，词语与词语之间在语义上要和谐。例如，带实指趋向补语的述补结构是一种兼表致使和运动趋向的构式。这种构式内部，述语动词所表示的行为动作跟趋向补语所表示的运动趋向这二者之间，必须形成和谐关系，否则就不能成立。之所以只有"拔出来""拔出去"的说法，却不允许有"＊拔进来""＊拔进去"的说法；只有"插进去""插进来"的说法，不允许有"＊插出来""＊插出去"的说法；就是因为"拔"的语义是

"把固定或隐藏在其他物体里的东西往外拉；抽出"；"插"的语义是"①长形或片状的东西放进、挤入、刺进或穿入别的东西里；②中间加进去或加进中间去"。[①] 这决定了"拔"所带的实指的趋向补语只能是"出来""出去"，不能是"进来""进去"；"插"所带的实指的趋向补语只能是"进来""进去"，不能是"出来""出去"。这样，动词与趋向补语之间的语义关系才能达到和谐。

三是构式内部词语的使用与构式外部所使用的词语在语义上要和谐。请看下面两个句子：

　　a. 在硝烟弥漫的岁月里，他慢慢成长了，从班长、排长升到副营长。
　　b. 陈若飞没有继续往上飞，相反屡犯错误，从副营长、连长降到排长。

例 a "从班长、排长升到副营长"和例 b "从副营长、连长降到排长"都是具有量级性质的"从 X 到 Y"构式，只是内中名词的排列次序二者正相反。为什么？这是为了跟构式外部的词语取得和谐。拿例 a 来说，为了跟前面的"他慢慢成长"和谐，后面选择了"从……升到……"格式；然后，为了跟"升"取得和谐，于是就选择了"班长——排长——副营长"这样的词语序列。而例 b，为了跟前面的"没有继续往上飞，相反屡犯错

---

① "拔"和"插"的注释均见《现代汉语词典》（第 5 版）。

误"和谐，后面选择了"从……降到……"格式；然后，为了跟"降"取得和谐，于是就选择了"副营长——排长——班长"这样的词语序列。

我们常常说，词语之间存在着语义制约关系。而所谓词语之间语义制约关系，从本质上来说就是要求句子中的各个词语之间在语义关系上要和谐。我们觉得，语言中就存在着"语义和谐律"这一普遍原则。

四、"语义和谐律"有助于解释许多句法语义现象

语义和谐律可以解释许多句法语义现象。例如："VA了"结构（V代表动词，A代表不含褒贬色彩的中性形容词）可以表示两种语法意义：

甲、表示结果的实现。如：

拉直了　剪平了

乙、表示结果的偏离（含过分义）。如：

拉短了　剪长了

下面的"VA了"结构里的A都是"短"或"长"，可是各个结构表示的语法意义呈现奇特的不同情况，请看：

VA 了	甲义	乙义（含过分义）
拉短了	－	＋
拉长了	＋	＋
剪短了	＋	＋
剪长了	－	＋
画短了	＋	＋
画长了	＋	＋
买短了	－	＋
买长了	－	＋

这为什么？这也是由 V 和 A 这两个词之间语义关系要求和谐所决定的。原来，V 所表示的行为动作对由该行为动作所引起的与之相关的事物的某种性质上的变化，起制约作用，但这种制约作用有一定的方向性——动词"拉"，按常理所拉的事物只能越拉越长，不会越拉越短，显然"长（chang³⁵）"对"拉"来说是顺向的，而不会出现变短的不顺向的情况；动词"剪"的情况则与"拉"正好相反，按常理被剪的事物只能越剪越短，不会越剪越长，显然"短"对"剪"来说是顺向的，而不会出现变"长（chang³⁵）"的不顺向的情况；动词"画"则是另一种情况，"画"这一行为动作，对所画图案的长短大小的制约作用是双顺向的——可以画得长，也可以画得短，可以画得大，也可以画得小；而动词"买"所表示的行为动作的实施，不会影响所买的东西性质的变化，衣服、鞋等原是多长就是多长，原是多大就是多大，并不因为"买"这一行为动作的实施而出现所买的东西变长

或变短，变大或变小的情况。上表中"VA 了"的各种实例的语法意义所呈现的不同情况，表面看，是由上述不同的语义制约关系所决定，但从根本上来说，是语义和谐律的体现。下面再举一个一般所说的总括副词"都"使用的例子。请先看实例：①

    a. 那些苹果张三都扔了。

    b. *那个苹果张三都扔了。

    c. 那个苹果张三都吃了。

    d. *那个樱桃张三都吃了。

    e. 那颗樱桃小松鼠都吃了。

    例 b 与例 a 的差别在于句子的话题由复数"那些苹果"变为单数"那个苹果"。副词"都"表示总括，例 a 能说，例 b 不说，那是在情理之中。那么我们能否据此认为，如果"主语"或者说"话题"是"这 / 那……"这样的单数形式，就不能用"都"呢？不能，例 c 实例的存在说明了这一点。

    例 c 和例 b 的差别只在谓语动词由"扔"变为"吃"。那么为什么例 b 不说，例 c 就能说呢？因为按常理，扔一个苹果，不会一点一点地扔，所以就"扔"而言，"那个苹果"不仅为单数，而且也不能看作是一个可以划分为若干部分的集合，这样当然就不能用"都"；而就"吃"而言，苹果得一口一口地吃，"那个苹

---

① 例引自张谊生《范围副词"都"的选择限制》，《中国语文》2003 年第 5 期；但有所改造。

果"从形式上看虽为单数，但可以看作是一个集合——可以分解为若干个个体的整体，所以就能用"都"——"都"总括的一定是个集合，这个集合可以体现为复数，也可以体现为可被分割的整体。

那么我们能否根据例 c 的存在就认为，当谓语动词为"吃"时，如果"主语"或者说"话题"是"那个 / 这个 + 名词 [可吃的食物]"，就一定能用"都"呢？也不能那么说。例 d 之不说，说明了这一点。

例 d 和例 c 的差别在于话题由苹果变为樱桃。按常理，人吃樱桃，不会一点一点地吃，都是将樱桃把儿一撅，往口里一塞，吐出核儿就吃了，所以"那个樱桃"在 d 句里不能看作一个可以划分为若干部分的集合。这样，我们不能说"* 那个樱桃张三都吃了"就很可以理解了。那么是不是如果"'那个 / 这个' + 名词 [可吃的食物]"里的名词是樱桃那样的小东西，谓语动词为"吃"时，就不能用"都"呢？也不能那么说，还得看是谁吃。

例 e 用"都"的句子就能说。例 e 和例 d 的差别在于动作的施事由人（张三）变为小松鼠。樱桃虽小，对小松鼠来说，不能像人那样一口吃进去，得一点一点地吃。就小松鼠吃樱桃而言，"那个樱桃"又可以看作一个可以划分为若干部分的集合，所以例 e 能用"都"。

上面实例所呈现的现象，属于"构式内部词语之间语义上的和谐律"，这说明，使用总括副词"都"的句子成立不成立，在于它所总括的成分是不是一个集合，而判断所总括的成分是不是一个集合，得要求综合观察、分析动词所表示的行为动作、行为动作的施事的情况、行为动作所支配的对象的情况。换句话说，使用总括副词"都"的句子成立与否，实际会关系到句子的谓语动词、表示谓语动词的施事的名词成分、表示谓语动词的受事的名词成分这三者之间的语义关系是否处于和谐状态。

最近有位老师给我这样一个偏误句：

*我当时紧张得手心出了一身冷汗。

那位老师说，查了所有讲搭配不当的论著都没有谈到这种类型。该怎么看？其实这也是一个违反语义和谐律的例子。

语义和谐律跟其他句法语义分析理论不是对立或互相排斥的，是互为补充的。举例来说，为什么可以说"盛碗里三条鱼"，不能说"*盛碗里鱼"？陆俭明用"数量范畴对句法的制约作用"来加以解释；沈家煊则进一步用认知语言学的"有界—无界"理论加以解释，这样解释显然深一层了。但我们还要进一步问：为什么动词部分的有界性必须要求名词宾语部分的有界性？要进一步回答这个问题，就得用"语义和谐律"这一理论来加以解释，而且更具深刻性，因为语义和谐律是语言中普遍存在的现象。

五、"语义和谐律"也是修辞的基础

修辞，无论是所谓的积极修辞还是消极修辞，从本质上说，都是言语交际中带有创新性的一种言语活动。但这种带有创新性的言语活动，都严格遵循语义和谐律（semantic harmony principle）。

修辞虽为创新的言语活动，但其基础是语义和谐。至于修辞层面的语义和谐具体体现在什么地方？将遵循什么原则？这是需要进一步探究的。这里不妨举两方面的实例来加以说明。

先说积极修辞比喻方面的例子。比喻，首先要求喻体与本体要相和谐。我们知道，历史上咏雪的诗句很多，最有名的是《世说新语》里"咏雪联句"故事里的谢道韫的一句：

（1）谢太傅雪日内集，与儿女讲论文义。俄而雪骤，公欣然曰："白雪纷纷何所似？"

兄子胡儿曰："撒盐空中差可拟。"兄女曰："未若柳絮因风起。"公大笑乐。……（《世说新语·言语·谢道韫咏雪》）

谢太傅即谢安，胡儿是谢安的侄儿胡朗；兄女是指谢安的大哥无奕的女儿谢道韫，她是个才女。对纷飞大雪，谢道韫的比喻显然远胜于胡朗。胡朗的比喻只点出了雪之白、雪之细，撒盐虽有动感，然表达不出漫天大雪的飞舞之状，意境狭小，诗意不浓。而谢道韫的比喻，不仅紧扣漫天飞舞的雪骤情景，同时将雪用柳絮作比，又给人们带来了春的信息，诗意盎然，堪称咏雪一绝。两相比较，显然，谢道韫所用比喻，其喻体与本体非常和谐；而胡朗所用比喻，其喻体与本体显然不相和谐。

喻体也要求句中其他词语与之相和谐。朱自清著名的散文《荷塘月色》开头的一句就最能说明问题：

（2）月光如流水一般，静静地泻在这一片叶子和花上。

诸多学者已经指出，这个"泻"字用得精当。为什么？就因为跟前面的比喻相吻合，也就是相和谐——作者把月光比作流水，因此后面用了个"泻"作为全句的谓语动词。早有学者指出，如果"把'泻'字换成'照'字，这句话就变得平淡无奇了"。其实岂止"变得平淡无奇"；用了"照"字跟上文的"流水般的月光"就变得非常不和谐了，从而破坏了作者用比的作用。句中动词"泻"确实用得精当，但动词"泻"前的状语"静静地"也用得出神入化——表面看"静静地"与"泻"相矛盾，然而正是这"静静地"与"泻"的搭配使荷塘月色之夜的描写收到了静中有动、动中有静的独特效果。

此外，所用比喻还得跟文章的主题思想相和谐。请看一位高中学生《球赛》作文中的一段比喻：

（3）看球赛的人越来越多，里三层外三层，围得个水泄不通。我和我的朋友们站在后面，大家踮起了脚，脖子伸得老长，仿佛许多鸭子被无形的手提着，拼命地往前挤。

"仿佛许多鸭子……"这一比喻显然是仿自鲁迅的小说

《药》。鲁迅的文字是这样的：

（4）老栓也向那边看，却只见一堆人的后背，颈项都伸得很长，仿佛许多鸭被无形的手捏住了的，向上提着。

鲁迅那样比喻是有用意的。当时的反动统治者杀害革命青年，而一些小市民却不愤怒，对被害的青年不同情，反而挤在刑场上围观，争着看热闹。鲁迅用鸭子来比喻那些没有头脑的围观的小市民，鲁迅那一段笔墨的用意就是来讽刺那些围观的小市民的麻木、冷漠，以提醒广大民众。其比喻跟文章主题思想相当和谐，"无形的手"也是有所指的。而那学生在作文里用类似的比喻来描述观看球赛的观众，就弄巧成拙了，所使用的比喻跟文章的主题思想就不相和谐，显然很不恰当。

再举所谓消极修辞中的例子。消极修辞之一，讲究句式的选择。句式的选择，首先要求所选句式要与文章主题、上下文语境，包括所刻画的人物形象要相吻合，也就是相和谐。鲁迅在《祝福》的第三段对已沦为乞丐的祥林嫂的描写用的都是短句，请看：

（5）她一手提着竹篮，内中一个破碗，空的；一手拄着一支比她更长的竹竿，下端开了裂：她分明已经纯乎是一个乞丐了。（鲁迅《祝福》）

那一个个短句如同一个个电视、电影的分镜头，自远而近，将祥林嫂早已沦为乞丐的形象跃然纸上。不难设想，如果将这一段描写换用长句，即写成：

（6）她一手提着内中放了个空的破碗的竹篮，一手挂着一支比她更长的下端开了裂的竹竿：她分明已经纯乎是一个乞丐了。

不仅起不到上述的表达效果，还会让读者读着有如同嚼蜡之感。而下面的长句所表达的内容就不宜用短句来表达：

（7）某教育学院今年对四百六十七名学生就"毛笔字、钢笔字、粉笔字和普通话"作了一次考核，结果"三字一话"的及格率分别仅为百分之二点七、百分之二十八、百分之二十和百分之四十五。（《人民日报海外版》，2003 年）

（8）教育部和财政部决定，从今年 9 月 1 日起，将享受中国政府奖学金来华学习的外国留学生的奖学金生活费标准，由原来的每人每月本科生 550 元人民币、硕士研究生和普通进修生 650 元人民币、博士研究生和高级进修生 750 元人民币，分别提高到 800、1100 和 1400 元人民币。（《北京晚报》，2003 年）

长句的特点之一是信息容量大。在新闻报道和议论文中，为体现表意的完整性和句子严密的逻辑性，常用长句，特别是并列项有多个、需要合并叙述的时候。例（7）"毛笔字、钢笔字、粉笔字和普通话"共四项，和下文的四个百分比数字分别对应；例（8）外国留学生中的三类人原来的奖学金生活费标准分别和下文新的标准一一对应。这都是"合叙"。如果拆开，一点一点分头说，不仅笔墨将增加很多，语句会显得啰唆，而且如果组织得不好甚至会给人意思不完整的感觉。

在句式选择上，还要求前后句式上下均匀、和谐。在语言中，同一个意思往往可以用不同的句式来表达，以体现在不同语境下表意的细微差别。在同一种语境下，选用相同意思的句式，必须注意前后上下句式的和谐配搭，否则就显得不和谐。请看实例：

（9）＊生产衬衫有两道工序，一是上袖口，二是上领子。在这两道工序上，纺织三厂和纺织四厂各有所长。三厂上袖口的技术比四厂差，而四厂上领子的技术没有三厂高。[1]

"三厂上袖口的技术比四厂差，而四厂上领子的技术没有三厂高"，语法上是通的，可是顺着上文念下来，这两句话的口气总让人感到别扭。问题在哪里呢？第一，上文既然是说两个厂"各有所长"，按理就应该从他们各自的长处说，现在却从他们各自的短处说，这就造成上下不和谐；第二，"X 比 Y 差"与"X

---

① 例引自北京大学中文系汉语专业《语法修辞》（修订本），商务印书馆 1978 年版。

没有 Y 高"，这两种说法虽义近，但句式不同，含义也有所差异，并排使用也显得不和谐。整个句子宜调整修改为：

（10）生产衬衫有两道工序，一是上袖口，二是上领子。在这两道工序上，纺织三厂和纺织四厂各有所长。三厂上领子的技术比四厂高，而四厂上袖子的技术比三厂高。

修辞层面的语义和谐还有一种体现，那就是所选用的句式义（或称构式义）要与语篇的整体语境所要表达的内容相和谐。例如，在现代汉语里，典型的"把"字句是主观性很强的表示处置义的句式，"被"字句则一般用来表示"非如意"之义的。下面两个例子里的"把"字句和"被"字句显然用得不妥：

（11）＊洪水是退了，但是眼前是一片不好的景象：洪水把村舍的房屋冲倒了一大半，把猪、鸡、羊都淹死了，空气里充满了难闻的臭味儿；洪水也把成堆的木材几乎都冲光了，……。①

（12）＊玛丽是个勤快的孩子，每天都是她最早起来。等我们起床，早饭已经被她准备好了，屋子也已经被她整理得干干净净。

---

① 例引自马真《在汉语教学中要重视词语使用的语义背景》，参见蔡建国主编《中华文化传播任务与方法》，上海人民出版社 2008 年版。

例（11）冒号以后的部分，是要具体描绘洪水过后的荒凉景象的，按说应顺着上文的意思，用表示遭受的"被"字句，不宜用"把"字句，可是却用了好几个"把"字句，使前后文气很不连贯、很不协调。而例（12）是来具体描述玛丽的勤快的，按上下文的意思，这里宜用表示处置的"把"字句，而不该用"被"字句。例（11）（12）的毛病就是所选用的句式跟语篇所要表达的意思不相和谐。例（11）（12）宜分别改为：

（13）洪水是退了，但是眼前是一片不好的景象：村舍的房屋被洪水冲倒了一大半，猪、鸡、羊都被淹死了，空气里充满了难闻的臭味儿；成堆的木材也几乎都被洪水冲光了，……。

（14）玛丽是个勤快的孩子，每天都是她最早起来。等我们起床，她已经把早饭准备好了，还把屋子整理得干干净净。

总而言之，尽管修辞是一种创新的言语活动，但它也必须受到"语义和谐律"的制约。

六、需要进一步探究的问题

语义和谐律具有普遍性，任何语言都存在，而且可能是人类语言中最高的语义原则，值得进一步深入探究。本文只是提出一种初步的想法，语义和谐律问题真要研究起来，还有一大堆问题

语义和谐律 /

需要我们去探索。例如：

语义和谐的机制是什么？

语义和谐，可能会有哪些原则？

语义和谐，可能而且应该会有不同层面的语义和谐问题，那么该有哪些不同层面？

语义上和谐与否，该有些什么样的检测手段？

从量词"位"的用法变异谈起

——中国语言学发展之路的一点想法

　　根据以往的汉语研究实践，总结前辈语言研究的经验教训，中国语言学的发展主要有赖于三个方面：第一，要不断挖掘和发现新的语言事实。这是基础，是永恒的研究课题，因为语言研究的目的之一，就是要把语言的实际情况让人们了解清楚。第二，要不断吸收和更新研究的理论与方法。这是一个学科得以建立和发展的关键。从语言研究的角度看，对语言的考察和描写只是研究的基础，还未达到真正意义上的科学研究。真正意义上的科学研究，必须对考察、描写所得的语言事实及其规律作出科学的解释，并进一步从中总结出具有解释力的原则升华为理论，能用这些原则、理论来解释更多的语言事实。而一种理论和一种方法只能解决或解释一部分或一定范围里的问题；老的问题解决了，又不断出现新的问题，发现新的现象，原有的理论方法难以对付，这就要求研究者去探索、寻求新的理论方法，从而不断推进学科研究的发展。第三，要不断加强应用研究。科学研究的最终目的是为了应用。语言的应用研究是语言本体研究的试金石，也是发现问题的一个起点。社会语言学既可以认为是语言本体研究的重要组成部分，也可以看作语言应用研究的一部分。

这里我想举一个属于功能学派的社会语言学方面的具体的小例子来加以说明。大家都知道，汉语里有一个用于人的名量词"位"。辞书上，语法书上，讲汉语量词的论著里，在谈到这个量词"位"时，都说这个量词只用于人，含敬称之意，不能用于说话人自身一方。请看一些辞书的注释：

《现代汉语词典》（第5版）：〔量〕用于人（含敬意）。

《应用汉语词典》：〔量〕用于人（含敬意）。

《商务馆学汉语词典》：〔量〕用于人（用于比较客气、尊敬的场合）。

譬如，我们不说：

（1）＊我们系就我一位没有博士学位。

（2）＊我们三位都来自上海。

最近发现了一个新情况。上大酒楼、大饭店用餐，一进门，服务员热情迎上前问："请问几位？"我们常常会脱口而出说："我们五位。""我们四位。"等等。注意：在上面的答话里，量词

"位"就用在了说话人自身一方。这用得不对？还是有别的什么原因驱使我们这样回答？我就进行实地调查。调查地点是北京市海淀区海淀镇新开元大酒楼。调查的方法是，假装在酒楼门口等人，注意客人进门时服务员与顾客的对话。调查分三次进行，一共注意了163拨顾客进酒店时与服务员的对话。调查结果发现，其中有151拨顾客在答话中用"位"，约占92.6%；答话中用"个"的，只有12拨顾客，约占7.4%。

为慎重起见，对于量词"位"的这种用法，我先后请教了三位北京籍的语言学者——晁继周、方梅（女）、张伯江，他们都是中国社会科学院语言研究所的研究员。结果是都认同我所发现的用法。在张伯江研究员的提示下，又发现了其他量词使用上的类似现象（问话者用什么量词问话，答话者就用什么量词回话）：

狗，可以论只，也可以论条。如果有人问："你家养了几条狗？"应声回答时总会说："两条。"而不说"两只"。而如果用量词"只"问话："你家养了几只狗？"这时总会应声回答说："两只。"而不会说"两条"。猪，可以论头、只、口。也是，问话人用什么量词，答话人也跟着用什么量词。烟，可以论支、根。也是，问话人用什么量词，答话人也跟着用什么量词。

在介词使用上，口语交际中也存在类似现象。我的家乡东山岛（太湖中的一个半岛，过去属苏州专区吴县管辖，现在属苏州市管辖），所说的土话叫"东山话"，属于吴语的一个次方言。在我们家乡，当两个熟人在街上对面碰见，习惯用下面这样的看似废话的一问一答作为打招呼：

> （3）"你往东去？""哎，我往东去。 你往西去？""哎，
> 我往西去。"
>
> （4）"你朝北去？""哎，我朝北去。 你朝南去？""哎，
> 我朝南去。"

不难发现，如果先打招呼的人用介词"往"，答话人一定也用"往"回话；如果先打招呼的人用介词"朝"，答话人一定也用"朝"回话。

绍兴文理学院马明艳教授提供了另一个佐证。趋向动词中的"来 / 去"，按一般的说法，是以说话人为基点的，"来"指物体朝说话人方向移动，"去"指物体离说话人而移动。可是在一问一答中，会出现例外。例如，上课铃响了，老师在教室里招呼学生："同学们，上课了，快进教室来。"学生回答："我（们）马上就来。"而不说"*我（们）马上就去。"再如，电话中，对方问："你什么时候来？"一般都回答："马上就来。"反倒不说"*马上就去。"

该怎么看待上述一系列语言现象呢？我们认为，除了 Grice 的会话合作原则（cooperative principle）和会话含义学说，以及 Leech 提出的会话礼貌原则（politeness principle）外，根据汉语的语言事实，可以建立现代汉语另外一条会话原则——"应答协调一致性原则"。但是，"应答协调一致性"的会话原则似不好解释

下面的对话：

（5）"早饭用过了？""吃过了，您呢？""我也吃过了。"

明显地应答不一致——问话人客气地用带有敬称的"用"，而答话人答话时并不用"用"，而改用普通的"吃"。这里，并不存在"应答协调一致性"。这个情况是不是意味着并不存在"应答协调一致性"原则？

这就促使我再回过头来考察在大酒楼门口服务员与顾客的一问一答的情况，具体说，就得进一步了解有时顾客回话用量词"个"是什么情况。

进一步调查的结果发现，答话不用"位"而用"个"的情况都属于下面一类例子：

（6）"请问几位？""就我们哥儿俩。"
（7）"请问几位？""就我一个。"
（8）"请问几位？""三个。"

原来，少数应答时不用"位"的都不是宴请客人，都是自家人（包括跟好朋友一起）用餐吃饭。后来，在与台湾大学陈立元老师的通信中，她也为我提供了一个信息，与上面前后所谈情况相吻合。据陈立元老师说，台湾酒店小姐一般不用"位"，而是用"个"问话。客人应答则有两种不同情况。例子如下：

（9）"请问几个人？""两个。"

（10）"请问几个人？""我们四位。"

例（9）（10）的区别在于：如果去吃饭的都是自己人，用"个"作答；如果是宴请客人，一定用"位"作答。

上述情况说明，顾客进酒楼回答服务员问话时用量词"位"，表面看是对酒楼服务员的回话，实际是要说给自己宴请的客人听的。这说明，少量回答用"个"的事实不足以否定"应答协调一致性原则"；"应答协调一致性原则"还是存在的，但是它得让位于礼貌原则。这也说明，在数条会话原则中看来还存在着会话原则的优先顺序——排在最优选地位的是礼貌原则。①

上述事实告诉我们，新的语言事实、语言现象的挖掘与描写很重要；同时也说明理论的需要——没有功能学派的会话理论，面对上述语言事实可能只停留在一般的事实描写上，不会想到其中还存在什么另外的会话原则问题。

最后我想重复一下我在给《语言学前沿与汉语研究》一书所写的序文里的一句话："继承、借鉴、怀疑、假设、探索、求证"，如此循环往复，这可以说是语言研究的必由之路。我想继

---

① Leech 的"礼貌原则"下有 6 条准则，其中"赞同准则"（又译"一致准则"）指在言语交际行为中要尽量减少与对方的分歧，在非原则问题上尽量靠拢对方的观点，以增加一致性。这个"赞同准则"强调的是在"观点/意思"上跟对方保持一致（赞同）。如果由此拓展为在"形式"上跟对方保持一致，那么本文所说的"应答协调一致性原则"似也可以归入"礼貌原则"。不过本文举出的语言现象都是"形式一致"的例证。（此脚注是根据詹卫东的意见加上的）

往开来是一切科学发展之路，继往，应该既包括对本国、本民族已有的学术研究成果的继承，也包括对国外已有的学术研究成果的借鉴。中国语言学要发展，还得回到我一开始所说的三条，那就是：一是要不断挖掘和发现新的语言事实；二是要不断吸收和更新研究的理论与方法；三是要不断加强应用研究。而这一切都得在前人研究的基础上进行，也就是鲁国尧所强调的"从已知求未知"[1]。

---

[1] 鲁国尧：《论汉语音韵学的研究方法和我的"结合论"》，《汉语学报》2007年第2期。

从语法构式到修辞构式再到语法构式

一、引言

构式语法理论已为学界所熟知。关于构式的定义与范围，学界有不同认识。我们这里所说的构式只指句法层面的构式。

刘大为于 2010 年在《当代修辞学》（第 3、4 期连载）上发表了《从语法构式到修辞构式》一文，该文提出了"修辞构式"的概念，并说："语法的变异造就了大量不典型、非常态、使用受到一定情境局限的句子，可以说它们是具有创新性的句子，也可以说是可接受程度较低的句子。""为显示它们与语法通常所研究的构式之间的区别及割舍不断的联系，我们将它们称为修辞构式。"文章从可推导性和不可推导性的视角，并以丰富而又鲜活的实例，详细论述了怎么会从语法构式演化到修辞构式，说明了语法构式和修辞构式的异同和区分，明确指出"具有可推导性的是语法构式，当新的表达动因作为构式义加在语法构式上时破坏了构式的推导性而形成的具有不可推导性的是修辞构式"；并认为，"修辞构式与语法构式是一个连续体的两端，当中只有模糊的过渡地带而没有截然的分界"。刘大为教授这篇文章很有创新性，有重要的理论价值，不仅进一步将语法与修辞挂上了钩，使语法学与修辞学"深度地交叉"，更好地融合，使修辞学进一步与前沿语言学理论对话。

刘大为先生的文章为我们勾勒了"语法构式→修辞构式→新的语法构式"这一语法发展演变的途径与轨迹，不过刘文着重阐述的是"语法构式→修辞构式"的发展演变过程。本文试着在刘大为观点和论述的基础上，运用构式语法理论继续从以下两方面来加以探究：（一）"语法构式→修辞构式→新的语法构式"的具体演化发展过程。（二）构式语法理论将为修辞研究提供新的视角。

二、已有的"语法构式"→"修辞构式" 不同的演化情况

上面说了，刘大为用丰富而又鲜活的实例，详细论述了从"语法构式"到"修辞构式"的演化。这里需要交代的是，刘大为先生所说的"修辞构式"里的"修辞"，用的不是传统意义上"为了某种修辞目的而采用某种修辞手段"这一含义，而是泛指在交际过程中由各种因素致使出现"大量不典型、非常态、使用受到一定情境局限的句子"；用詹卫东教授的话来说，"在言谈交际

从语法构式到修辞构式再到语法构式 ／

185

中常常会突然出现似很不合逻辑的说法"①。那么具体是怎么演化的呢？刘大为提出了两点很重要的看法：一是关系的变化，包括"角色关系的变化"和"侧重关系的变化"；二是构式义的引申，包括"依赖规定场景引起的引申"和"构式义丢失默认条件引起的引申"。这两点是很概括的说法。为便于读者理解，这里请允许我将其具体化，以使我们了解具体有哪些不同的演化情况。

一、故意多次重复某些词语，以起强调作用，随之模仿并逐渐泛化。②例如：

（1）学习，学习，再学习！｜（这个问题需要）考虑，考虑，再考虑！

（2）成功的必要条件，第一是勤奋，第二是勤奋，第三还是勤奋。

二、为了表达的经济，故意省略，并逐步泛化。例如：

（3）a. 我们用电话联系→我们电话联系

b. 明天电邮告诉你｜中文写中国【泛化】

（4）a. 赶时间写论文→赶写论文→赶论文

b. 倒卖火车票→倒火车票→倒票｜抛售股票→抛股票【泛化】

---

① 詹卫东 2015 年 9 月 13 日晚电话里所言。

② 由北京大学詹卫东教授提供。

（5）a. 你看你的书 → 你看你的

b. 他咳嗽他的【泛化】

（6）a. "他眼睛怎么红了？" "看电视看得眼睛都红了。

→ 看电视看的" ①

b. 开夜车开的【泛化】

三、功能扩展并逐渐泛化。这又可分三种情况：

A. 动宾格带宾语，例如：

（7）登陆诺曼底｜称霸武林｜把脉金融业｜聚焦雾霾｜
……

B. 形容词带宾语，例如：

（8）富了个人穷了国家｜幸福千万家｜清洁每个角落｜
……

C. 名词带宾语，例如：

（9）她只知道宝贝她的儿子｜明天我会电话你｜他就这
样潜规则了不少新来的女演员｜……

---

① "得" 不能煞尾，于是用 "的" 替换 "得"。

四、外语或方言句法格式的渗透。例如：

（10）来自西南边陲的我｜从来默默无闻、一向低调的他【受外语影响所致】

（11）洗洗干净｜问问明白｜研究研究清楚【来自吴方言】

（12）知不知道？｜学不学习？→干不干净？｜漂不漂亮？【来自南方方言和西南官话】

五、改变词序。例如：

（13）a. 用大碗吃→吃大碗。｜用这把刀切→切这把刀。

  b. 这个箱子用尼龙绳捆→这个箱子捆尼龙绳

六、改变搭配规矩，并逐渐泛化。最典型的，一是"被X"构式的出现，例如：

（14）a. 被自杀｜被就业

  b. 被苗条｜被教授｜被82%｜……【泛化】

二是"很N"构式的出现。例如：

（15）a. 很阳光

  b. 很农民｜很德国｜很女人｜……【泛化】

七、隐喻并仿造，然后泛化。例如：

（16）a. 走来走去→看来看去→考虑来考虑去

      b. 吃来吃去还是黄瓜馅儿饺子好吃 | 喝来喝去还
        是燕京啤酒爽口 | 扒拉来扒拉去没有一个姑娘
        老太太看得上的 |……【泛化】

八、……

促使"修辞构式"产生因素肯定不止上面所说的。李宇明教授在最近的一次报告中说："要注意发现、解决交际中的语言问题。"发现、研究、分析"修辞构式"的产生也应属于李宇明教授所说的考察研究范围。

上面所举的"修辞格式"，大体可分为两种情况，一种是虽与原语法构式在形式上有变化，甚至在意思上也略有不同，但基本上"未触动原语法构式的认知基础"，一至四小类就可视为这种情况；另一种是不仅触动而且可以说大大动摇了原语法构式的认知基础，五至七小类便属于此种情况。①

这些"修辞构式"的出现，一般都是或出于表达的特殊需要，如第一小类的故意重复、叠用，以及第六小类的"被 X"，便最有代表性了，并具有真正意义上的修辞效果；或为了表达的经济，第二小类就最有代表性了。不管属于哪一小类，都是先在某个人

---

① 引自 2015 年 10 月 16 日和 11 月 4 日刘大为教授给我的邮件。

的言辞中或某种媒体上出现的，然后扩散即或慢或快地说开去，因此都将成为修辞研究的对象，同时也为汉语语法发展史研究者所重视。在汉语语法发展史上，有些新的语法现象的出现，如现代汉语中动结式、动词拷贝式、"把"字结构等构式的出现，以及古汉语中否定句里人称代词宾语居动词前的现象的消退，一般都认为是受汉语本身的发展规律影响。然而可以想见一定是先从某处冒出"变异"说法，然后"推陈出新"，只是由于目前我们所能见到的都是书面材料，而且还十分有限；资料的缺乏难以发现在何处先"冒出"那"变异"现象，虽然研究汉语史的学者也一直在力图探究、揭示某"变异"首出何处，但未能如愿以偿。

三、"修辞构式→新的语法构式"的发展演变过程

现在我们来讨论"修辞构式→新的语法构式"的发展演变过程。

20 世纪 50 年代爆发"乔姆斯基革命"之后，学界对语言逐渐有了新的思考。随着心理学、认知科学的发展，人们逐渐认识到，首先应该将语言看作是存在于人脑心智中的"自然客体"（natural object），是人的认知能力的重要组成部分。根据上面的认识，语言应该有"内在语言"（internal language，简称 I - language）和"外在语言"（external language，简称 E-language）之分。"内在语言"，包括一个运算程序（computational procedure）和一个词库（lexicon），是存在于人脑心智中的自然客体，是意象

图式经过大脑处理后形成的表征系统（system of representations）。"外在语言"，是内在语言的外部表现形式，这就是一般所说的"声音和意义相结合的符号系统"。前面所说的由语法构式变异而生"修辞构式"，这都是从外在语言角度说的。这种"修辞构式"都是临时性的，其发展的"命运"，看来有二。

一种"命运"，只是昙花一现，临时起着某种修辞作用。日本当代汉学家、大阪大学教授杉村博文先生在一次报告中举过这样一个例子：

（17）压轴菜终于上来了，这是最后的也是最高的高潮。方师傅一直在锅灶边忙着，这时候他也跟着蹄髈一起露面了，大家拍起手来。却不是拍蹄髈，而是拍方师傅的。

"拍蹄髈"（"为蹄髈这道菜拍巴掌喝彩"之意）、"拍方师傅"（"为方师傅的精湛厨艺和辛勤劳动拍手喝彩"之意）这种"修辞构式"就只在这段文字里起某种特殊的修辞作用，这种修辞构式只是"昙花一现"。而有的修辞构式，今后是否一定能固化演变成新的语法构式，现在还很难说。譬如刘大为文章里举了这样一个例子：

（18）游船票他可以代买，但是上船剪票时不能代剪，只能让检票员把你们一个个剪进去。

　　"剪进去"表面看像是个"动趋式"，然而跟"走进去""扔进去"不同——"走进去""扔进去"是汉语早已有的一种"动趋"构式，表示行为动作的施事或受事运动的趋向。这种"动趋"构式是建筑在业已存在的构式组成成分之间在语法结构关系和语义结构关系所需遵循的规则之上的，具体说动趋式里的动词与趋向动词之间在语义上有一定的"可搭配关系"和一定的搭配限制。汉语中，某些动词有一定的方向性，例如动词"掏"在语义上可以跟"出来"相搭配，不能跟"进来""进去"相搭配，我们只说"掏出来"，不说"*掏进去"；再如动词"插"，能跟"进去"相搭配，不跟"出来"相搭配，我们只说"插进去"，不说"*插出来"。根据动词"剪"所具有的方向性，它只能与"下""下来""下去"等趋向动词搭配（如：剪下、剪下来、剪下去）；从语义上来说，"剪"跟"进去"不相搭配，所以我们一般不会说"*剪进去"，因为这种说法违背已有的动词与趋向动词之间的语义搭配规则。可是在上面的那段文字里，"剪进去"却能被人们认可、接受，而且还让人觉得具有独特的表达效果。原因是它依赖于一定的"规定性场景"，换句话说他依赖于一定的上下文语境。这时的"剪进去"显然不再是表示行为动作的施事或受事运动的趋向。这里的"剪进去"被认可，只是在特定的语境中被临时理解为"通过剪票这一行为动作使持票人可以进入某个允许的区域"这一意思。但检票的方式有多种——可以剪票，也可以撕票（撕掉一个角或一半票），也可以在票上用笔勾一下，现在也可以电子刷票。"剪进去"这一在特定语境下偶发的说法如果由于检票方式的多样性而被仿照，反复运用，有可能会出现"把你们一个个撕进去""把你们一个个钩进去""把你们一个个刷进去"等说法。这样，有可能会成为一个表示新的语法意义（"通过……允许持票人进入……"）的新的语法构式。不过现在还难说，还只能说"有可能"，到目前为止似还未见到这种说法的泛化。

另一种"命运"，在广泛运用的基础上逐渐固化演变为新的语法构式，最典型的如上面举到的"吃来吃去还是黄瓜馅儿饺子好吃 | 喝来喝去还是蘑菇奶油汤好喝""吃食堂 | 吃麦当劳"等所代表的构式；有的，目前虽然还未最后固化，但可以预见日后会固化为新的语法构式，如"很 NP"修辞构式和这两年首先在网上出现的表示否定、讽刺义的"被 X"修辞构式。修辞构式一旦固化，这就完成了"从已有的语法构式到修辞构式，再到新的语法构式"这样的演化发展过程。

这样，有个问题值得我们去考察、探究："修辞构式"最终能否固化为新的语法构式得具备什么因素？我们看到，刘大为下面两段话实际对这一问题已给出了原则性的回答：

> 修辞构式重复使用造成了新的单位，所以具有了能产性，可替换就意味着有一个结构框架已经形成，重复使用的是框架而不是它的话语实体。
>
> 随着不可推导的意义渐渐凝固在构式上，构式也就渐渐呈现出语法的性质，待到这种意义完全凝固成构式的一部分，修辞构式也就转化为语法构式。

促使"凝固"或者说"固化"的因素看来是多方面的。从表面看，首先当然是看能否被广泛使用，是否被泛化；而能否被广泛使用，能否被泛化，则取决于这种"修辞构式"是否符合经济原则，是否具有特殊的表达作用。一句话还得看是否符合交际的需要。

"从已有的语法构式到修辞构式，再到新的语法构式"的演化发展过程，实际就标示了语言的发展过程。这种语言发展的过程，更概括地说，可以表述为：

已有的规范语言→出现语言变异→形成新的规范语言

如此循环往复，便呈现了语言螺旋形发展的轨迹。而从中也可以让我们认识到：

第一，确实如功能语法学派所说"用法先于语法"。这是功能语法学派的基本理念，这一理念是符合语言发展实际的。

第二，语言是随着社会的发展而发展变化的。语言规范是相对的，语言变异是绝对的，因此我们需要树立"动态的规范观"。

四、构式理论有用

"从已有的语法构式到修辞构式，再到新的语法构式"的演化发展过程，也显示了"构式语法理论有用"。关于构式语法理论的作用与价值，我在《构式语法理论的价值与局限》一文中已有所陈述，不过那文章主要从语法研究角度说的，这里试再进一步举例说明构式语法理论也适用于修辞研究。

　　构式语法理论有用，最明显的一点，它能用来解释运用传统的句法上"主—谓—宾"、语义上"施—动—受"这样的句法分析思路难以解读与解释的语法现象。这类语法现象一开始便是从已有的语法构式所演化而成的"修辞构式"。举例来说：

　　（19）张三高。
　　（20）张三高李四一个头。

例（19）好说，是一个很普通的形容词谓语句。对于例（20）"张三高李四一个头"这一个句子，按先前的语法理论可以有三种不同的分析与解释：

　　第一种，结构主义的分析法——只作层次分析：

　　　张三　高　李四　一个头

　　　1　　　　2　　　　　　1-2　　主谓关系
　　　　　　　3　　　4　　　　　3-4　　述宾关系
　　　　　　5　6　　　　　　　5-6　　述宾关系

但这样分析有个问题："高"是形容词，怎么能带双宾语呢？"高"带双宾语的机制是什么？难以说清楚。

　　第二种，用生成语法学派的轻动词理论来分析——底层结

构 / 深层结构是 "张三 V[比] 李四高一个头",那 "V[比]" 是一个具有 "比" 的语义内容而没有 "比" 的语音形式的轻动词（light verb）；而轻动词有一个很强的特征，那就是它不能独立存在，得依附于某个实义谓词身上。由于在 V[比] 之前没有谓词，在它之后有个谓词 "高",于是凭着 V[比] 所具有的强特征,便把 "高" 拉上来,让那轻动词 V[比] 黏附在 "高" 身上,于是就成了我们所看到或听到的 "张三高李四一个头" 那样的句子。具体如下：

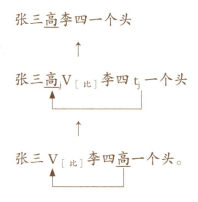

这一解释要优于第一种解释,但不管怎么说,表层还是个双宾结构,所以同样有上面的问题："高" 是形容词,怎么能带双宾语呢？ "高" 带双宾语的机制是什么？难以说清楚。

第三种,用生成语法学派的 "增元" 说或 "变价" 说来解释。"高" 原是一元谓词或者说一价形容词,如："张三高。"而在 "张三高李四一个头" 这个句子里,"高" 由一元谓词 / 一价形容词 "增元" / "变价" 为三元谓词 / 三价形容词。这个解释看来很漂亮，但问题是："增元"/"变价"的动因是什么？"增元"/"变价"的机制是什么？也很难说清楚。更大的问题是：会出现循环论证——在"张三高李四一个头"这个句子里"高""增元"/"变价"为三元谓词/三价形容词了。请问：你怎么知道这里的"高"增元/变价为三元谓词/三价形容词了？回答：因为谓词"高"前后出现了三个论元。请问："高"原是一元谓词/一价形容词，怎么能允许前后出现三个论元呢？回答：因为它增元/变价为三元谓词/三价形容词了。

按照构式语法理论与语块理论，语言中的句子或句法结构，既不是像传统的语法分析所认识的那样，都框定在"主—谓—宾""施—动—受"这样的范围内；也不是如乔姆斯基所认为的那样——凡是以某个谓词为核心的句法结构都是由这个谓词的论元结构转换来的。按构式语法理论和语块理论可以这样假设，语言中存在的是各种各样的构式，而某个语言中的各种构式都是人的认知域里的意象图式、概念框架投射到该语言而形成的。从语块的角度看，每个构式都由语块构成，语块是构式的构成单位。构式内部语义配置的每一部分语义，都以一个语块的形式来负载。这就是通过整合构式语法理论和语块理论所逐渐形成的"构式—语块"句法分析思路。按照"构式—语块"句法分析思路，上面所举的例（20）与例（19）不同，例（19）"张三高"，这是一种"事物—性状"构式，说明某事物具有某种性状。这种构式除了谓词"高"之外，只需一个论元，"张三高"已成为一个自足的构式。这种构式由两个语块构成：一是表事物的语块（如

"张三"），一是表性状的语块（如"高"）。而例（20）"张三高李四一个头"则是一种"事物性状比较"构式，这个构式除了谓词"高"之外，需要三个论元——性状主体"张三"、比较对象"李四"和比较结果——比较差量"一个头"。这种构式由四个语块构成：一是指明性状主体的事物语块，通常由一个名词性成分（如"张三"）来表示；二是表事物所具有的性状语块，常见的是由形容词（如"高"）来表示；三是比较对象语块，通常也是由一个名词性成分（如"李四"）来表示；四是指明比较结果的语块，这由一个数量成分（如"一个头"）来表示。"高"虽然是形容词，但人们为了表达"事物性状比较"的意思，就采用了"事物性状比较"构式。

显然，上述"构式—语块"分析思路也为我们的修辞研究，特别是为我们研究"修辞构式"提供了一个新的视角。下面我想再举两个实例来说明构式理论对修辞研究的作用。请先看下面的例子：

（21）他不停地在房间里走来走去。

例（21）里的"走来走去"是很普通的说法，运用传统的分析思路很容易将它分析为由"走来"和"走去"这两个"动趋式"构成的连动结构。可是对于下面例（22）里的"吃来吃去"，传统的分析思路就有点难以对付了：

（22）吃来吃去还是黄瓜馅儿饺子好吃。

　　例（22）里的"吃来吃去"在意思上与"走来走去"大不
相同。我们显然不能再按传统的分析方法将它分析为由"吃来"
和"吃去"这两个"动趋式"构成的连动结构，因为现代汉语
里根本就不单独存在"吃来"和"吃去"这样的说法。"吃来吃
去……"实际就是一个"修辞构式"。上面所说的"构式—语块"
句法分析法很容易加以处理和解读。原来，"吃来吃去……"这
样的构式实际是由"走来走去"这种原有的语法构式通过隐喻并
仿造发生变异而逐步演化出来的一种"修辞构式"，它被泛化而
且为人们所频频使用。请看：

　　（23）a. 喝来喝去还是龙井茶对我的口味。

　　　　　 b. 挑来挑去还是那条裙子最好看。

　　　　　 c. 住来住去最后还是觉得住乡下最舒服。

　　　　　 d. 听来听去我还是最喜欢《梁祝小提琴协奏曲》。

　　　　　 e. 穿来穿去还是那件衣服穿着舒服。

　　　　　 f. 吃来吃去没有一个菜好吃的。

　　　　　 g. 扒拉来扒拉去没有一个姑娘合老太太心意的。

　　　　　 ……

在频频使用中逐渐固化为"V 来 V 去 +VP"这样一种新的语法构
式。这一新的构式的构式义是，"在行为动作所能涉及的诸种事

物中，反复掂量，或主观认为'要数某事物较为 / 最为合意'，或主观认为'哪个都不合意'"。这一构式只包含两个语义块：一个语块是"V 来 V 去"，其形式特征是，前后两个动词相同，前一个动词后带上趋向动词"来"，后一个动词后面带上趋向动词"去"。另一个语块是那 VP，会有两种形式，或是"还是 / 还数 + 形容词性谓语的主谓短语"，如 a—e 各例；或是一个否定的周遍性结构，如 f、g 二例。下面再举一个例子：

（24）一锅饭吃不了十个人。

例（24）这种句子在汉语教学[①]中当然不会碰到的，但是万一哪个外国学生在哪里听到或看到这样的句子，其中每个词的意思他都能懂，但不知道整个句子是什么意思。于是他就会来问我们。如果我们只是对他说：这个句子，在句法上或分析为"主—谓—宾"关系，或处理为"主语后置、宾语前置"句；在语义上是"受—动—施"关系。外国学生根据上面的解说能知道那句子的意思吗？肯定还是不知道。怎么解释这种现象？

有人尝试用转换生成语法理论中的轻动词理论来加以解释。按照蔡维天的看法，例（24）的底层结构是个轻动词结构，轻动词是 $V_{[供用 / 够]}$，即：

---

① 本文所说的"汉语教学"涵盖（1）我们国内进行的对外汉语教学，（2）在国外进行的汉语国际教育，以及（3）针对华侨华裔子弟开展的华文教学。

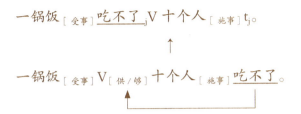

这看来是解决问题了，其实没有。理由：

第一，请看下面的例（25）a、b句：

（25）a. 十个人[施事]吃不了一锅饭[受事]。

b. 一锅饭[受事]吃不了十个人[施事]。

表面看，似乎语义配置不一样，a句是"施—动—受"，b句是"受—动—施"；其实例（25）a、b句不属于行为动作事件结构。张旺熹曾谈到这种句子，正确指出这里的动词"已经没有动作性"，这种句子具有"非动态性"的特点。从构式语法理论的角度看，这其实是一种"数量关系构式"，具体说，是一个"容纳量与被容纳量的数量关系构式"，这种构式的语义配置是：

容纳量—容纳方式—被容纳量

主宾换位后，不改变其"容纳量—容纳方式—被容纳量"这一语义配置关系。例（25）a句"十个人吃不了一锅饭"，"十个人"（实指"十个人的饭量"，下同）是容纳量，"一锅饭"（实指"一锅饭的饭量",下同)是被容纳量,"吃"在这里表示一种容纳方式(下同);b 句"一锅饭吃不了十个人","一锅饭"是容纳量,"十个人"是被容纳量,"吃"是容纳方式。例(25)a 句是说,十个人的饭量容纳不了一锅饭的饭量(那锅饭的量大,或者说那十个人的饭量小);b 句是说一锅饭的饭量容纳不了十个人的饭量(那十个人的饭量大,或者说那锅饭的量小)。显然,a 句和 b 句表面看似乎是主宾对调了,实际不管 a 句还是 b 句,说的都是前边那个量容纳不了后面那个量。按结构主义的观点,a 句和 b 句动词前的"数量名"成分都是主语,动词后的"数量名"成分都是宾语。语言事实告诉我们,这种构式里的主语成分都表示容纳量,宾语成分都表示被容纳量。不同的只是,在 a 句"十个人"表示容纳量,"一锅饭"表示被容纳量;而在 b 句,"一锅饭"表示容纳量,"十个人"表示被容纳量。这样看来,例(25)a 句和 b 句性质是相同的。在这种构式里,语义上的"施事—动作"关系和"动作—受事"关系都只是一种潜在的、隐性的语义关系。再说,现代汉语中不是只有上面这两个句子,我们可以举出一系列的表示容纳量与被容纳量关系的数量关系的句子。请看:

(26) a. 十个人坐了／坐不了三条板凳。

b. 三条板凳坐了／坐不了十个人。

c. 一天写了／写不了 50 个字。

d. 50 个字写了／写不了一天。

e. 一天走了 / 走不了五个村。

f. 五个村走了 / 走不了一天。

……

这些句子按传统的句法分析观念，内部的语义结构关系各不相同（这无须赘述），但都属于同一种构式——表示容纳量与被容纳量关系的数量结构对应构式（下面简称"容纳量数量关系构式"）。

第二，例（25）b 句可以用轻动词"V$_{[供/够]}$"解释，可是例（25）a 句和例（26）的 a、c、d、e、f 各句就没法用轻动词"V$_{[供/够]}$"来解释。

以上所举实例说明，传统的句法分析法对例（20）"张三高李四一个头"、例（22）"吃来吃去还是黄瓜馅儿饺子好吃"、例（24）"一锅饭吃不了十个人"那样的属于所谓"边缘性的非核心"的句子难于解读，无法解释，而用构式语法理论可以加以解读与解释。显然，构式语法理论的运用无疑"将适用于边缘的、新奇的、变异的、非典型用法等纳入了语法研究的核心领域，从而直接引发了对修辞结构的关注"[1]，从而大大有助于修辞研究的深入。这方面，我们看到，《当代修辞学》2013 年第 2 期上发表的李宗宏《主观归因构式及其修辞动因》一文对"那个瓶子摸了我一手油"这种"主观归因构式"的分析，也为我们提供了一个很好的实例。

---

[1] 引自刘大为教授 2015 年 11 月 30 日给我的邮件。

　　从实用的角度说，构式语法理论的运用使汉语教学在某些非常规句法格式（如存在句式、性状比较句式、兼语句式、隐现句式①）的教学上开启了新的教学方法——"构式—语块"教学法，这种教学法有助于激活学习者自身具有的人类某些方面的认知共性，以便更好地将外国学习者引导到学习、掌握汉语中带有汉语个性特点的句式上来。因此，构式理论一提出来，很快为汉语语法学界和汉语教学界所接受。

　　本文只想起抛砖引玉的作用，希望大家一起进一步运用构式语法理论来分析不断出现的"修辞构式"，而这无疑将更加有益于修辞学与语言学前沿理论的对话，使修辞学更好地融入现代语言学。

---

① 存在句式，如"台上坐着主席团""墙上挂着一幅画"；性状比较句式，如"张三高李四一个头"；兼语句式，如"请大夫看病""通知他们来开会"；隐现句式，如"村里死了一头牛""前面来了两个人"。

评说构式语法理论中的"coercion"（压制）说

一、关于coercion（压制）观

我最早是从 Goldberg 接触到 coercion 这个术语、这个概念的。Goldberg 有这么一段话：

> 压制并不是一个纯粹的语用过程；与之相反，只有语言中的特定构式才允准压制。也就是说，只有当构式需要一个特定解读而特定词项又不能独立表示该解读时，压制才有可能发生。如果出现在构式中的词项可以被构式压制接受一个虽不同但却相关联的解读，那么整个表达式就被判定为合乎语法。

Goldberg 在这段话结束时加了个注，其注文等于对"coerce"之说作了进一步的说明：

……构式迫使词项产生系统相关的意义。

"coercion"这一术语，汉语一般译为"压制"。[①]Goldberg 在书中对"压制"说举了好多实例来加以说明。最典型的例子是：

（1/8[②]）He sneezed the napkin off the table.

　　他打喷嚏将餐巾纸喷到桌子下了。

英语 sneeze 作为不及物动词，却进入了"致使—移动"构式该怎么解释？ Goldberg 的解释是：

　　对于例（8），词汇语义理论认为不及物动词 sneeze 实际上有带三个论元的意义，即"X 通过打喷嚏致使 Y 移向 Z"。……

　　如果存在上述额外的意义，那么上述动词就存在歧义，即它的基本意义和它在上面句式中的意义。我们期待在某种语言中可能有两个独立的（没有联系的）动词词干分别表示这两个意义。例如，有一个动词的意义是英语中的 sneeze，而另一个动词，如 moop 的意义是"X 通过打喷嚏致使 Y 移

---

① 吴海波翻译出版的 Goldberg 的中译本《构式：论元结构的构式语法研究》，将 "coercion" 译为"强制"。我们认为作为构式语法理论里的一个术语，还是译为"压制"比较好。

② 斜线前的序号是本文的序号，斜线后的序号是原书的序号。

向Z"。然而就我所知，在任何一种语言中都不存在不同的动词词干用以表示例（8—10）句中的不同意义。

按Goldberg的说法，sneeze在例（1/8）里的意义与用法原先是没有的，是受sneeze所在构式（"致使—移动"构式）的构式义的压制而新产生的。

后来我们又看到De Swart关于coercion的观点：

> 压制在句法和形态上是看不见的：它是由解决体貌冲突的需要触发的隐性语境重新解释机制所控制的。

De Swart虽然没有引用Goldberg的文献，但他关于coercion的观点跟Goldberg是一致的。不过在学界影响大的还是Goldberg的"构式压制"说。那么Goldberg的"构式压制"观怎么样？符合语言事实吗？虽然已有学者进行过评论，本文也试加评说，略陈一得之见。

二、Goldberg "压制" 观有广泛影响

我们注意到，"构式压制"这一术语在构式语法学界广为使用，而且国外国内不少学者认同Goldberg的"构式压制"观。请看：

国外的如：

（A）压制原则[1]：如果一个词项在语义上与它所处的形态句法环境不相容，词项的意义就得合乎它所嵌入的结构的意义。（Michaelis）

（B）"压制"的概念是指，构式对插入构式中的词项的意义所施加的影响力。（Bergs and Diewald）

（C）压制，我指的是这样一种现象：当一个单位与另一个单位结合时，它将会对其比邻的单位施加影响，从而改变它的特性。（Taylor）

国内的如：

（A）句子的意义来自构式义和词汇义的相互作用。如果构式义与词汇义一致，则两种意义互相加强。如果两种意义相互冲突，则会出现两种结果，一种是句子在概念上呈语用异常，另一种是构式义或词汇义占优先地位，从而消除冲突。这种意义冲突的消除被称为"压制"。（李勇忠）

（B）压制是指为了解决意义冲突或修补错误匹配对句法成分重新解释的机制。词项在不同程度上为构式提供重要的信息，但构式不但有其自身的整体意义，而且决定词项准入的条件、方式，所表达的内容和履行的功能。因此，构式对词项具有主导作用。（董成如）

---

[1] 原文 The Override Principle，直译为"强制原则"，在这段文字里可译为"压制原则"。

（C）构式压制的多种定义的共性是，构式的整体性（结构和意义）迫使不兼容的个别语词在句法功能和词义上迁就自己从而产生移变。（侯国金）

目前在我们国内，"构式压制"这一术语频繁使用。文旭、司卫国借助 CiteSpace[①]可视化分析工具对中国构式语法研究 20 年进行了回顾与展望，他们将相关统计数据导入 CiteSpace V，并对相关参数进行设置，生成了 207 个节点、388 条连线的关键词共现知识图谱，然后根据关键词的出现频次提取了频次 ≥ 10 的 28 个高频关键词，其中"构式压制"的频次高达 26，在 28 个高频关键词中位居第九。可见"构式压制"这一术语使用频率之高，而且眼下学界不少人接受 Goldberg 和 Michaelis 的"压制"观，都将"构式压制"理解为：构式将自上而下地施加压力给进入构式的不合常规的词项，使之满足构式整体意义的要求。

三、如何看待"构式压制"说

我们承认，"构式压制"所谈论的语言现象，即某词项进入某构式，该词项的意义或用法并不是它的常规意义或用法，这确实存在，例（1/8）是客观存在的语言事实；而且"构式压制"现象分析具有"语言学价值"。问题是对这类现象该如何解释？该

---

① CiteSpace 是一款基于 Java 操作平台的引文可视化分析软件，该软件支持多种类型的文献计量学研究。CiteSpace V 是 CiteSpace 中的一个版本。

如何从理论上作出说明？

Goldberg 和 Michaelis 等对这类语言现象采用自上而下的"构式压制"说来解释，在我们看来这是缺乏深思、慎思的。他们没有深刻认识到"外因是通过内因起作用的"这一点。这一点杨坤说得很明白，请看：

> 动词与构式之间的互动是动词的语义与构式的语义共同作用的结果。其中，动词的语义是"内因"，而构式的语义是"外因"。按照唯物辩证法，内因是事物变化的根据，外因是事物变化的条件，外因通过内因起作用。从这个角度来看，动词本身的语义才是它进入构式的关键因素。

我们很同意杨坤的看法。拿例（1/8）来说，"致使—移动"构式当然会影响 sneeze 进入该构式，但我们更必须考虑的是，sneeze 为什么能进入该构式。这无疑跟 sneeze 这个词本身的意义密切相关。请看辞书的释义：①

---

① 英语的 sneeze，既是名词，又是动词。汉语的"喷嚏"只是名词。如果要体现动作行为，就用"打喷嚏"。国内辞书对"喷嚏"的释义，我们没有提到《现代汉语词典》，因为我们觉得《现代汉语词典》对"打喷嚏"的释义——"由于鼻黏膜受到刺激，急剧吸气，然后很快地由鼻孔喷出并发出声音，这种现象叫打喷嚏。"——不够准确。"打喷嚏"呼出的气流一定是"猛烈""急剧"地向外喷射的，《现代汉语词典》的释义缺了这一层意思。

《牛津高阶英语词典》

sneeze : to have air come suddenly and noisily out through your nose and mouth in a way that you cannot control.［气流突然、大声地从人的鼻子与嘴巴中以不可控制的方式喷出。］

《朗文当代英语词典》

sneeze : to have a sudden uncontrolled burst of air out of the nose, usu. caused by discomfort in the nose.［从鼻子内突然冲出一股不受控制的气流，通常由鼻部不适引起。］

《新华词典》

喷嚏：指鼻腔黏膜受到刺激，鼻中气流突然喷射出去的一种生理反射现象。

《现代汉语规范词典》

喷嚏：鼻黏膜受刺激引起鼻孔猛烈喷气并发声的现象。

很清楚，sneeze（喷嚏）在语义上的一个重要特性，那就是：有一股猛烈、急剧的气流喷射出。正是这一语义特性让 sneeze 能进入英语的"致使—移动"构式，致使 sneeze 能将餐巾纸喷到桌子下。可见，sneeze 进入"致使—移动"构式，并不是构式义迫使 sneeze 产生了新的意义。实际情况应该是："致使—移动"这一构式义激活了 sneeze "有一股猛烈、急剧的气流喷射出"这一语义特性，并让 sneeze 在"致使—移动"构式中凸显这一语义特性。这也就是说，在例（1/8）里，sneeze 起着词义本身的"内因作用"。

sneeze 一般作为不及物动词使用时，人们只是将 sneeze 作为一种生理现象来理解。例如：

    （2）She sneezed

    （3）She couldn't stop sneezing.

    （4）She stopped to sneeze finally.

在 sneeze 这种常规用法中，人们并不特别在意 sneeze 这一动作"猛烈、急剧喷射出气流"这一点，而在例（1/8）中，sneeze 却凸显了这一点。可见，进入构式的词项起着"内因作用"。我们不妨简称为"词项内因作用"说。

四、进入构式的词项起"内因作用"例释

语言中，包括现代汉语在内，经常会出现不少非常规的说法，如"完成＋中""（已经）V（了）＋（正在）V（着）""很＋名词""被＋不及物动词/形容词/名词"等。如果采用 Goldberg 的"构式压制"说，都难以给出圆满的解释；而只有用词项本身的"内因作用"才能作出深透的解释。

【例一】"完成＋中"

先看"完成＋中"。袁野、崔雅丽对"完成＋中"就用 Goldberg 的"构式压制"观来加以解释。请看袁野的解释：

这个理解过程实际也涉及了"Vaction 中"这个构式意义

（即动作 V 正在进行）对完成体动词"完成"的压制，使其变成进行体动词。①

再看崔雅丽的解释：

"完成"是完结性有界动词，一般不与"中"（无界词语）匹配，然而，构式强制机制使其遵从了其构式义，表达了"即将完成"的意思。②

动词"完成"其本义是"按照预期的目的结束"（《现代汉语词典》）；通常用来说需经过一定时间才能结束的项目或任务。不过一般使用或者说常规使用动词"完成"，都只凸显其"完结性"，因而一般视为"完结性有界动词"。然而这"预期的目的"决定了"完成"这一动词非瞬时动词。这就不难理解为什么会出现"完成中"这一说法。"完成"在"完成中"里只是凸显它"需经过一定时间"这一语义特性。而认识这一点是更为重要的，符合"词项内因作用"说。

【例二】"（已经）V（了）+（正在）V（着）"

再看"（已经）V（了）+（正在）V（着）"的说法。早期这种说法被视为不规范而需要加以纠正的说法。然而人们照常

---

① 袁野：《构式语法、语言压制现象及转喻修辞》，《当代修辞学》2010 年第 3 期。
② 崔雅丽：《构式压制对语言异质现象的阐释》，《外国语文》2011 年第 3 期。

使用：①

（5）我们党不但胜利地实现了或正在实现着每一次转折后所面临的任务，而且经得起每一个转折的考验。（任仲平《论孔繁森的时代意义》，《人民日报》1995年6月2日）

（6）……应当考察分析我国当前社会道德赖以存在的经济生活究竟具有何种特征，……以及它对我国社会道德已经产生了和正在产生着何种影响。（于文军《弘扬传统美德的思考》，《求是》1997年第13期）

（7）新时期的话语风格也发生了而且正在发生重要嬗变。（眸子《语言生活与精神文明》，《语文建设》1997年第1期）

（8）他以生命为代价，以血为墨著华章，弹拨了一曲生命的绝唱，激励了和正在激励着无数青年于逆境中自强……（厚夫、欣雨《路遥：让我们聆听生命的绝唱》，《延安文学》2007年第6期）

（9）辞格研究成果需要梳理、筛选和某些方面的再阐释，汇集已经开发和正在开发的学术资源。（谭学纯《辞格生成与理解：语义·语篇·结构》，《当代修辞学》2010年第2期）

按照"构式压制"说，又会说是该构式对完结性动词加以压制的作用使得这些动词获得了带进行/持续体的"着"的功能变

---

① 例句转引自谢英《"（已经）V（了）＋（正在）V（着）"格式的表意功能和修辞分析》，《当代修辞学》2011年第2期；《现代汉语表达格式研究》，厦门大学出版社2012年版。

异。其实，正如谢英所指出的：

> 凡用"（已经）V（了）和（正在）V（着）"格式，其前后的词语总是有很大的跨度——或是空间跨度，或是时间跨度。如以上例句中共现格式前后的主语、宾语、状语等内容，其所指既有"历史的长河""辽阔的地域"，又有"广泛的人群""复杂的事件"等等，这都清楚地显示句子言谈所及，或涉及很广的空间，或涉及很长的时间。从空间来看，用"了"和"着"正是说明所涉及的对象并非一下子都"V了"或都能"V了"，有一些则正处于变化过程之中（用"V着"表示）；从时间来看，用"了"和"着"，正是说明所涉及的对象有的在某一个时段已经"V了"，而有的则还处于正在进行或变化当中（用"V着"表示）。语言事实告诉我们，"（已经）V（了）和（正在）V（着）"格式"V了""V着"共现，正是适应了这种表达的需要。①

谢英所言才真道出了"（已经）V（了）+（正在）V（着）"的表达作用和广为使用的真正原因——是 V 本身的语义特性所决定的。这也符合"词项内因作用"说。

［例三］"很 + 名词"

再来看看使用频率较高的"很 + 名词"构式。例如：

---

① 谢英：《现代汉语表达格式研究》，厦门大学出版社 2012 年版，第 159 页。

（10）a. 很农民　很绅士　很淑女　很军阀　很贵族
　　　 很明星　……

　　　b. 很阿Q　很鲁迅　很冯巩　很八戒　很林黛玉
　　　 ……

　　　c. 很情绪　很女性　很夫子气　……

　　　d. 很德国　很山东　很香港　很西藏　很中国

　　　e. 很古典　……

有的学者就简单地套用"构式压制"观来加以解释：

　　　这个名词功能游移的过程是语义压制的结果，具体而言，是构式义对词汇义压制的产物。①

多数学者还是注意到了名词本身的作用。邢福义就指出：

　　　事实上，为"很X"一类结构槽所接纳的名词，是受到特定语义条件的限制的。这就是，该名词能够从气质、作风、样式、气味、势态等方面，反映出说话人的某种特异感受。②

---

① 黄洁：《副名结构转喻操作的语义压制动因》，《解放军外国语学院学报》2009 年第 1 期。

② 邢福义：《"很淑女"之类说法语言文化背景的思考》，《语言研究》1997 年第 2 期。

张谊生、施春宏也有类似的看法。王寅虽曾肯定 Goldberg 的"压制"说[1]，但是他也看到了词项本身的作用，所以他在第五节提出了"构式压制和互动原则"的看法，并以此为基础提出了"词汇压制"的观点。而他的《构式语法研究（下卷）：分析应用》第十二章"汉语'副名构式'"，进一步认为"该构式中的'副词'具有明显的压制作用"，而"该构式中的'名词'在副词的压制下其指称功能大大衰减，从其外延义转向内涵义，启动转喻机制，激活其所代表的'典型特征'，从而使得该构式产生'异常感觉、语气时髦'等语用意义"。很显然，王寅先生对 Goldberg "构式压制"说提出了一些不同的看法，注意到了构式中词项本身所起的作用，因此王寅先生自己也说"修补和发展了 Goldberg，Michaelis 等的构式压制观"。

不过，认真地分析一下，会发现"很 + 名词"构式的出现跟"名词"本身的意义大多没有直接的关系，只是跟"名词"所指的事物的某些特征有关。正如郭锐所指出的，"比如'很山东'应该与'山东'这个名词的语义无关，而是与山东这个地方的人的性格特点（豪爽、讲义气）有关，而'豪爽、讲义气'显然并不是'山东'这个名词的语义内容。同样，'很农民'也与'农民'这个名词的语义内容无关，而是跟农民的典型性格特征有

---

[1] 王寅先生在《构式语法研究（上卷）：理论思索》第十一章"构式中的压制"开头说：构式语法在批判动词中心说的基础上，不仅提出了构式与动词一样具有意义，而且还提出了很有影响的"构式压制观"，即：当动词义与构式义不完全一致或相冲突时，构式常会迫使动词改变其论元结构（增加或减少动词的论元数量）和语义特征。

关"，从某个角度来说，"这与生活经验、社会现象有关"。郭锐的看法我觉得说到要害处了。语言事实也告诉我们，进入这一构式的这些名词所指称的事物都具有在"气质、作风、样式、气味、势态等方面"的"典型特征"。这样看来，"词项内因作用"涵盖两方面：一是词项本身的意义的某方面的特征起作用，如上面所举的 sneeze 例和【例一】【例二】；二是词项所指事物在社会心理上所具有的某些典型特征，如"很 + 名词"构式，如下面的"新'被'字构式"。

【例四】"新'被'字构式"

原先现代汉语里就有"被打、被批评"等这样的"被"字句，有学者称之为"短'被'字句"，"被"字后面的动词均为及物动词。20 世纪 90 年代以来首先在网络上出现了"被"字后面的词语是不及物动词的"被自杀、被就业"之类的说法，而且很快又进入平面媒体，同时由不及物动词发展到形容词、名词、数词等。显然，这是在原先的"短'被'字句"的基础上创新出现的，不妨称之为"新'被'字构式"，记作"被 X"。例如：

（11）a. 被自杀　被就业［X 为不及物动词］

　　　 b. 被幸福　被富裕［X 为形容词］

　　　 c. 被教授　被帅哥［X 为名词］

　　　 d. 被 82.3%　　　［X 为数词］

这种新"被"字句都含有讽刺、调侃意味，含有强烈的否定性意义。按 Goldberg 的"构式压制"观，这是构式义的压制作用，致使这些不及物动词、形容词、名词、数词进入了这一"新'被'字构式"，使这些词产生了新的用法。然而 Goldberg 的"构式压制"观，显然不能透彻、圆满地解释这些不及物动词、形容词、名词、数词等为什么能进入这一"新'被'字构式"。诚然，"新'被'字构式"跟 X 本身的词义也并无直接联系，而按"词项内因作用"说，也是"与生活经验、社会现象"有关。具体说，"新'被'字构式"是一种表示否定性意义，同时含有讽刺、调侃意味的构式。它主要用来讽刺、调侃某些单位、某些人瞒天过海式地假报情况这一腐败现象。"被"字句，特别是"短'被'字句"，本来就是一个含"不如意"之意的句式，因此这一句式很容易衍化为表示否定性意义，同时含有讽刺、调侃意味的"新'被'字构式"。而能进入这一"新'被'字构式"的词项，不论是不及物动词、形容词、名词还是数词，正是那些单位、那些个人瞒天过海式地假报情况的关键点词项。人们正是将这些"关键点词项"用在"被 X"格式中，从而产生了具有讽刺、调侃意味的"新'被'字构式"。

总之，实例告诉我们，某词项进入某构式，构式义固然会起作用，但决不能忽视进入构式的词项所起的"内因作用"。"构式压制"说确实有构式本身对进入该构式的词项在语义上会起一种"激活"作用的含义，但它不能从根本上解释：为什么某词项可以进入该构式？为什么进入该构式的词项会呈现非常规的语义特性或用法？可见如果只是强调"构式压制"，那么正如施春宏所指出的，"'压制'这个术语并非最合适的表达"，"压制"说"不是一种真正意义上的理论解释"。杨坤、文旭也指出，构式压制"不是解释机制。因此，它不能从根本上解决动词与构式的非常规论元配置问题"。我们同意他们的看法。施春宏将构式压制理解为构式"招聘"和组构成分"求职"两相契合的互动过程，认为这是"构式压制中双向互动的合力机制"。这说法很形象，已体现了"词项内因作用"的理念。

五、"词项内因作用"说有助于词义的深入研究

如果我们能注重进入构式的"词项内因作用"，这将有助于对词义的深入研究。

大家可能都会注意到这样两种现象：其一是不同的词可以出现在同一种构式之中；其二是同一个动词可以出现在不同的构式之中。须知这两种现象都跟进入构式的词项的语义特性密切相关。

先看第一种现象：不同的词可以出现在同一种构式之中。例如：

（12）台上坐着主席团。　　　　桌上放着几本书。

台下站着许多观众。　　　　黑板上写着字。

地上蹲着一只狗。　　　　　墙上挂着画。

床上躺着病人。　　　　　　左胸上别着校徽。

床前跪着一个人。　　　头上戴着礼帽。

门口立着两个孩子。　　树上钉着广告牌。

门上贴着对联。　　　　领子上绣着朵玫瑰花。

例（12）各实例都是存在句，都属于"存在构式"，其"存在"义是该构式所具有的。其中的动词各不相同。为什么它们能出现在同一种格式——"存在构式"？就因为它们在语义上有共同的特征"附着"。这从词典对各个词的释义中可以看出（据《现代汉语词典》）：

坐：把臀部放在椅子、凳子或其他物体上，支持身体重量。

站：直着身体，两脚着地或踏在物体上。

蹲：两腿尽量弯曲，像坐的样子，但臀部不着地。[①]

躺：身体倒在地上或其他物体上。

跪：两膝弯曲，使一个或两个膝盖着地。

立：站[1]。

贴：把薄片状的东西粘在另一个东西上。

放：使处于一定的位置。

写：用笔在纸上或其他东西上做字。

挂：借助于绳子、钩子、钉子等使物体附着于某处的一点或几点。

---

① 词典对"蹲"的释义还可斟酌。宜在"像坐的样子"之后加"两脚着地"这一小句，释文改为："两腿尽量弯曲，像坐的样子，两脚着地，但臀部不着地。"

别：用别针等把另一样东西附着或固定在纸、布等物体上。

戴：把东西放在头、面、颈、胸、臂等处。

钉：用钉子、螺丝钉等把东西固定在一定的位置。

绣：用彩色丝、绒、棉线在绸、布等上面做成花纹、图像或文字。

"存在构式"的构式义激活了这些动词的"附着"语义特性，使这些由动词形成的"V 着"能进入"存在构式"，呈现并凸显"附着"的语义特性。而"附着"这一语义特性正好符合"存在构式"的需要——要知道，说到存在，一定有个存在物，一定有个存在的处所，"存在物"就附着于"存在的处所"。可见，不同意义的动词能进入"存在构式"，正是这些动词本身的语义特性在起作用。这无疑符合"词项内因作用"说。

再看看同一个动词进入不同意义的构式的现象：

（13）他看第一排边上还有个空位置，就走过去坐下了。

（14）台上坐着主席团。

（15）a.一个人坐了／能坐／坐不了两个位置。

　　　　b.一个座位坐了／能坐／坐不了三个人。

（16）一个板凳坐两个人。

例（13）—（16）都用了动词"坐"。"坐"的意义是："把臀部放在椅子、凳子或其他物体上，支持身体重量。"例（13）动词"坐"用于事件结构中，显示的是"坐"的本义。例（14）—（16）动词"坐"显示的似乎不是"坐"的本义，事实上显示的是"坐"的意义的某一方面的内涵义。拿例（14）来说，"坐"用于"存在构式"，凸显的是"坐"的"附着"义；例（15），无论 a 句还是 b 句，动词"坐"都用于表示"容纳量与被容纳量关系"的构式中，体现"坐"也可以作为一种容纳方式。

不同意义的词可以进入同一个构式，这是因为这些词虽具体意义不同，但具有共同的语义特征；同一个词可以出现在不同的构式，这反映了词与词之间存在"语义牵引效应"，反映了词语之间存在着"语义关系多重性"。上述两种现象——不同意义的词可以进入同一个构式，同一个词可以出现在不同的构式——Goldberg 虽然也注意到了，但是她未能深刻认识到词与词之间存在"语义牵引效应"，未能深刻认识到"词项内因作用"这一点。

总之，构式语法提出的"构式压制"为人们提供了一种语言现象，但对此现象的解释是片面的，没切中要害。实际情况是，构式义会激活进入该构式的词项的某方面语义特征，并加以凸显，而所凸显的语义特征在该词项的常规用法中往往是不易被人们体会到的，或者是人们难以觉察到的。

六、还需进一步思考、探究

语言事实告诉我们，光运用"词项内因作用"说还不够。如果我们更深一层思考，将还会发现，当构式义与词汇义由所谓的"不一致"转化为所谓的"一致"时，事实上还不只是进入构式的某个词项语义起着"内因作用"，实际上进入构式的各个词项的语义特性都会对整个构式表达合适与否，起着"内因作用"。再看例（1/8）（为便于说明，例子拷贝如下）：

（1/8）He sneezed the napkin off the table.

他打喷嚏将餐巾纸喷到桌子下了。

如果不是餐巾纸，而是 A4 paper 80gsm（80 克的 A4 纸），那么下面的例（17）一般就难以接受了：

（17）? He sneezed the *A4 paper 80gsm* off the table.

［? 他打喷嚏将 80 克的 A4 纸喷到桌子下了。］

同样，如果不是一般的桌子，而是 big round table（大圆桌），那么下面的例（18）人们一般也不会接受：

（18）? He sneezed the napkin off the big round table.

［? 他打喷嚏将餐巾纸喷到大圆桌下了。］

这说明，往某个构式里填上了某些词项并不是就能形成大家可接受的句子，还必须看进入构式的各个词项在语义上是否相容，或者说能否形成和谐关系。这也就是说，我们在构式研究中，不能光有"构式压制"观，更需要有"关联"的理念，需要有"语义和谐律"的理念。下面不妨再举个表示总括的副词"都"的使用情况的实例。

我们在使用表示总括的副词"都"的时候，一般都会想到它所总括的对象得是一个复数或集合。大家都会觉得下面例（19）是合格的句子，例（20）不怎么能接受：

（19）那两个苹果他都扔了。

（20）*/？那个苹果他都扔了。

原因是例（19）"都"总括的是个复数，而例（20）"都"前面既没有复数也不是个集合成分。据此能否下结论：前面如果只是个"那+量词+名词"成分，后面就不能用表示总括的副词"都"？不能，因为如果将句子中的动词"扔"换成"吃"就能用"都"。例如：

（21）那个苹果他都吃了。

因为苹果得一口一口吃，这样，"那个苹果"可视为一个集合。那么能否依据例（21）就下结论说，如果谓语动词是"吃"，即使前面只是一个"那+量词+名词"成分，后面也可以用表示总括的副词"都"？也不能。下面例（22）就不能说：

（22）＊那个樱桃他都吃了。①

那是因为我们吃樱桃都不会"一口一口地"吃，因为樱桃太小了。那么是否可以依据例（22）说，如果所吃的东西很小，即使用动词"吃"，"那＋量词＋名词"成分后面也不能用表示总括的"都"？也还不能，因为还得看"吃"的动作者的情况，请看：

（23）那个樱桃小松鼠都吃了。

例（23）就可以接受，因为"那个樱桃"虽小，可是小松鼠吃樱桃，是一口一口地吃的，"那个樱桃"可以视为一个集合。

例（19）—（23）的句子虽然我们都归入语言的核心结构，不必用构式理论去识解，但道理是相通的——研究语言必须注意句子中各个词项之间的关联性和语义和谐关系。

---

① 不绝对排斥"那个樱桃他都吃了"的说法，譬如，对从未见过、尝过樱桃的人来说，他就可能试着一点一点地吃，最后觉得味道不错，就全吃了；还有种情况，樱桃对某地区的人来说弥足珍贵，这也有可能就一点一点地吃，最后全吃光。例（22）是就常情而言的。

重视语言信息结构研究
开拓语言研究的新视野

一、从朱德熙先生的呼吁说起

20世纪80年代初，朱德熙先生发出了"摆脱印欧语的干扰，用朴素的眼光看汉语"的呼吁。朱先生是基于什么问题发出这一呼吁的呢？

我们知道，在我国，汉语语法的系统研究始于1898年问世的马建忠的《马氏文通》，现代汉语语法的系统研究始于1924年出版的黎锦熙先生的《新著国语文法》。这两部汉语语法著作的共同点，一是模仿印欧语语法，二是运用印欧语语法学的理论方法。在汉语语法研究的草创时期，这样做不仅无可非议，而且应值得肯定，再说他们也都注意到了一些汉语语法的特点。从那时起，我国的汉语语法研究基本上是在印欧语语法学思想的指导下逐步向前推进的。在印欧语语法学里面，有相当大一部分内容是反映了人类语言的语法共性，因此应该承认印欧语语法学的一些理论方法对汉语语法学的开创与逐步建设起了不小的作用，而且今后还将会继续起作用。但是，汉语毕竟是不同于印欧语的一种语言，突出的一点，印欧语属于"形态语言"，而汉语属于"非形态语言"。随着汉语语法研究的步步深入，大家越来越觉得，"汉语的语法分析引起意见分歧的地方特别多"；再说，正如吕叔湘先生所指出的，由于汉语属于"非形态语言"，"许多语法现象就是渐变，而不是顿变，在语法分析上容易遇到各种'中间状态'"；并且在语法分析上"在做出一个决定的时候往往难以根据单一标准，而是常常要综合几方面的标准"①。以上可以说是朱德熙先生发出"摆脱印欧语的干扰，用朴素的眼光看汉语"呼吁的大的学术背景。更具体地说，朱先生是有感于汉语语法学界自20世纪50年代以来广泛存在的"名物化"的观念——认为动词、形容词做主宾语就"名词化"或"名物化"了；对于"名物化"观念，朱先生在60年代初就撰文进行过深刻评论。

朱先生的呼吁立刻获得汉语学界的普遍赞成与响应，大家都积极探索汉语语法研究的新路子。在学界引起较多关注的主要有以下六种观点：（一）"词组本位"语法观（朱德熙）；（二）"小句中枢说"语法观（邢福义）；（三）"字本位"语法观（徐通锵）；（四）"意合法"语法观（常理、张黎）；（五）"语用优先"语法观（刘丹青）；（六）"名动包含"语法观（沈家煊）。上述六种观点各

---

① 吕叔湘：《汉语语法分析问题》，商务印书馆1979年版，4—6小节。

有新见，各具特点，各有追随者，也都引发了一些争议，虽然没有哪一种观点能获得学界的普遍认可，但对深化汉语语法研究起了很好的推进作用。这里我无意评述每一种观点，只想参与探索，提出一点新想法，并希望能成为引玉之砖。我的新想法就是要重视语言信息结构的研究；就汉语而言，重视汉语信息结构的研究，将会是"摆脱印欧语的干扰，用朴素的眼光看汉语"的汉语语法研究的一个新视角。为什么"重视汉语信息结构的研究"就能成为汉语语法研究的一个新视角呢？这还得从语言本身说起。

二、对语言的再认识

关于语言，最重要的是要认识语言的功能和语言的本体性质。

说到语言的功能，我们都会背诵那老三句：语言是人类最重要的交际工具，语言是思维的物质外壳，语言是民族乃至人类记录、传承文化的主要载体。这说法没有错，但要知道，语言最本质的功能是传递信息。在言谈交际中，我们常常会听到这样一句话："这我（们）早知道了。"此话的意思就是"你（们）所说的对我（们）来说已不属于新信息"。那"老三句"所说的语言功能，其实是"传递信息"这一语言最本质的功能的延伸。

而就语言本体的性质而言，我们常说的一句话是："语言是一个声音和意义相结合的符号系统。"这也不错，但我们更需深刻认识到，语言这个音义结合的符号系统可不是一个简单的系统，而是一个具有层级性的声音和意义相结合的复杂的符号系统。譬如说，在语音层面，有音位、音节、音节群等不同层级；在音义结合的符号层面更有语素、词、短语、小句、句子、句群，句子还分单句、复句等不同层级。而语言结构系统之所以是一个具有层级性的音义结合的复杂的符号系统，在很大程度上，也正是由语言的"传递信息"这一本质功能所决定的。这又该如何理解呢？

我们知道，人凭借语言所传递的信息，就是说话者对客观事物或现象的种种多姿多彩、错综复杂的感知所得。说话人要将自己对客观事物或现象的种种感知所得传递给听话人，中间会进行两次复杂的加工：

第一次加工是，说话者在自己认知域内所进行的加工，主要是将自己通过某些感觉器官所感知形成的直感形象或直觉加以抽象、升华，由此形成意象图式；再运用内在语言将其进一步加工为概念结构、概念框架。

第二次加工是，说话者根据自身的交际意图、言谈交际环境、听话人情况等的不同或变化，将自己在认知域中已形成的概念结构、概念框架运用外在语言转化为所要传递的信息。

言语表达的基本单位是句子。句子是由词组合而成的，所以人们常说"词是句子的建筑材料"。要运用语言系统中的动态单位句子来传递说话者要想传递的信息，得解决好两个问题：第一个问题是，"作为句子的建筑材料的词如何组合成句"来为传递信息服务？第二个问题是，如何确保信息传递的清晰性、连贯性、稳定性、顺畅性？

传递一个复杂的信息，往往需要用到十几个乃至更多的词。

假如只是孤立地列出一个一个的词，一方面孤立的词义不能形成关联语义，更无法生成句义，另一方面就量上而言也会受到人的认知域的记忆功能"7±2"的受限程度的制约。因此，借以传递信息的句子，其内部所包含的若干个词，必须依据所传递的信息的复杂程度，进行层层打包组块，最好还能给个标记。不妨举个例子来说明一下——我们要传递一个"存在"事件。说到"存在"，必然有个存在物，也必然有个存在的处所，还要有将存在物与存在处所相联系的链接成分。现代汉语里最典型的存在句是：

表处所的词语 NP_L——"有"——表存在物的词语

动词"有"实际起着链接的作用。填入具体的词语便产生存在句。例如：

（1）床上有病人。
（2）床上有被子。

这就是说，按汉人的民族心理，要传递一个存在事件的信息，习惯于将存在处所作为话题，将存在物作为传递他人的主要信息，也就是一般所说的"信息焦点"。我们将例（1）（2）存在句记为甲类存在句。如果要同时表明那存在物以何种状态或方式存在着，现代汉语里就将那链接成分换为"动词 + '着'"，即"V 着"。例如：

（3）床上躺着病人。

（4）床上叠着被子。

我们将例（3）（4）存在句记为乙类存在句。上述存在句可表示如下：

	存在处所	链接	存在物
甲	NP$_L$	有	NP
	床上	有	病人。
	床上	有	被子。
乙	NP$_L$	V着	NP
	床上	躺着	病人。
	床上	叠着	被子。

链接部分的语形长度是有限的，可是表示存在物和存在处所的语形长度可以因为"要求指示得尽可能清楚明白"而很长。例如：

	存在处所	链接	存在物
甲	NP$_L$	有	NP
	张三前天刚从王府井买的床上	有	一个发着高烧的病人。
	张三前天刚从王府井买的床上	有	三床红锦缎被面的新被子。

乙	NP$_L$		V着	NP
	张三前天刚从王府井买的床上		躺着	一个发着高烧的病人。
	张三前天刚从王府井买的床上		叠着	三床红锦缎被面的新被子。

然而，再怎么长也始终会将指明"存在处所"的词语打成一个包，将指明"存在物"的词语打成一个包，始终让句子保持"'存在处所'—'链接'—'存在物'"这样一个词语链，这样就便于信息接受者解码理解。这里有个问题：为什么词语再多还是能保持三块呢？那是因为有标记在那里指示。什么标记？就是"有"和"V着"——只要在"有"或"V着"这标记之前是个处所成分，在这标记之后又有个表示事物的成分，就只能是传递"存在"事件的信息流。学界有"标记"论之说，这大家都知道。一般将标记视为一种语言现象。事实上，表面看是语言现象，实质上还是特殊的"信息传递标记"，服务于信息传递。

因此说，语言之所以是一个具有层级性的复杂的符号系统，就是由"传递信息"这一语言最本质的功能所决定的。

三、句子传递的信息和句子的意义

上面说了，语言是载体，语言最本质的功能是传递信息。在语言层面上，能用来传递信息的只能是句子、句群、篇章等这样一些动态单位。句子这一动态单位是信息传递的基本单位。句子所传递的信息有时会跟句子本身表示的意义几乎相等。如下面对话中的答话：

（5）"现在几点了？"

"现在是 8 点 20 分。"

但在大多数情况下，句子所传递的信息不等于句子本身的意义，大多都要大于句子本身表示的意义，例如：

（6）"八点了，都！"

例（6）在不同的语境中所传递的信息不同：有时可能表示"该起床了"，有时可能表示"该上班了"，有时可能表示"该开会了"……。再如：

（7）"你有钱吗？"

例（7）是个问句，这个句子的意义十分明确：说话人询问对方有没有钱。可是这句问话，在不同的场合，即在不同的言谈交际的语境中所传递的信息会大不相同——在有的言谈交际语境中，是传递"问话人要向听话人借钱"的信息；在有的言谈交际语境中，是问话人向听话人传递"如果你没有钱，我可以借些给你"的信息；在有的言谈交际语境中，是传递"问话人对听话人想买什么东西持否定态度"这样的信息（意思是"你买不起"）；而在有的言谈交际语境中，譬如在黑夜有人跑上来突然这样问你，这可能意味着要打劫；……。上述情况说明，"句子本身的意义"和"句子所传递的信息"是两个截然不同的概念。从某个角度说，句子所传递的信息是由句子的意义融入一定的言谈交际的语境并且二者加以融合而产生的交际效果。句子所能出现的言谈交际的语境，从理论上来说是无限的；这也就是说，一个句子它能在多少言谈交际语境中出现，它就能传递多少种各不相同的信息。显然，句子所传递的信息除了包含句子本身的意义所提供的信息外，还包括"言谈交际的语境"所提供的信息；而这两方面的信息不是简单地相加，而是进行某种奇妙的融合。这里所说的"言谈交际的语境"，包含了说话人的表达意图，说话人和听话人都可能具有的知识背景，言谈双方对言谈交际现实环境的认识等等。下面的对话清楚地表明了这一点：

（8）现在几点了？

收垃圾的车刚过去。

在不处于现实语境里的人看来，那答话简直是答非所问；但问话人已从对方答话中了解了现在大致的时间，那是因为答话人与问话人具有共同的知识背景——每天收垃圾的车都是7点半从这里经过。下面是屈承熹在文章中举的例子——一位患有膝盖关节炎的病人"笔者"去看医师，一见面的对话如下：

（9）医师：今天 Ø_[膝盖] 怎么样？

　　笔者：喔，我膝盖，教堂没有开会。

例（9）笔者的答话，让人觉得文不对题，有点莫名其妙。可是医师明白。为什么？因为上一次"笔者"去看医师时，曾有过这样的对话：

（10）医师：今天 Ø_[膝盖] 怎么样？

　　笔者：Ø_[膝盖] 还是有点儿痛，因为今天早上教堂开
　　　　了个很长的会，会议室的冷气冷得不得了。

很明显，例（9）的答话隐含着一个没在句子表面出现的背景信息，即例（10）答话所说的内容。

为什么句子的意义碰到不同的语境就会传递不同的信息呢？原来，在人的认知域里，一个认知域可以投射并激活新的认知域，这也就是一般所说的基于"相似性"的"概念隐喻"机制在起作用；另外，同一个认知域中不同要素之间也可以投射并产生联想，这也就是一般所说的基于"相邻性"的"概念转喻"机制在起作用。这些都是大家已经熟知而且已为认知心理学实验证明了的。还有，根据斯波伯（D. Sperber）和威尔逊（D.Wilson）所建立的"关联理论"（relevance theory），言语交际本身是一种动

态性的认知活动，人与人之间一进入言语交际就随即会以认知为取向，将认知与交际紧密结合起来，使语言交际成为一种必须依靠推理思维来进行的认知过程；为确保交际取得最佳效果，说话者也好，听话者也好，会在认知上建立起"明示—推理"模式，以获取句子意义和语境之间的最佳关联效果。显然，关联原则也是言语交际和话语过程中所追求和必须遵循的原则。

句子所传递的信息不等于句子本身所表示的意义，但是，句子本身所表示的意义是整个句子所传递的信息的基础。因此，说话人要做到准确传递信息，就要求所说的句子不仅无误，而且力求意思明确、简洁；而听话者在言谈交际中，首先得准确无误地理解说话者所说句子的意义，在此基础上才能准确获得说话者每句话所要传递的信息。言语交际的事实告诉我们，交际之所以成为可能，首先就在于交际双方对句子的意义取得一致的理解。这是人们进行有效交际的必要条件。但这不是充分条件。对有效交际来说，还要求交际双方对言谈交际语境有相同的了解与认识，这样说话者通过"编码"组成的句子所传递的信息才能为听话者通过"解码"而获得正确接受与理解。

句子的意义所提供的信息属于基础信息，由言谈交际语境所提供的信息属于辅助信息，在言谈交际中实际所传递的信息就是由句子的意义所提供的基础信息和言谈交际语境所提供的辅助信息互相奇妙融合而成的。至于二者具体如何奇妙融合，也是一个值得探究的问题。

四、关于语言信息结构的研究

语言信息结构，粗略地说，就是指凭借语言符号这一载体传递信息所形成的信息结构。凭借语言这一载体传递信息何以也能形成一个信息结构呢？须知凭借语言的句子、句群等动态单位所传递的信息会形成一个像流水那样的信息流。在这信息流中，一般会包含多少不同的信息元素，这也是需要探究的问题。我们认为，在信息流中，一般会包含如下的信息元素：（a）说话人所要谈论的话题；（b）说话人所传递的对听话人（即接受信息者）来说是属于已知的信息；（c）说话人最想要传递的对听话人来说是未知的新信息；（d）为使听话人便于了解与明白所传递的信息而附加的某些背景信息；（e）为表明人际关系等而附加的情态信息；（f）为确保所传递的信息前后能衔接而附加的衔接性的信息；等等。显然，在信息流中会包含着多种多样的信息元素，而且这些信息元素不会在一个层面上。这样，信息流中这众多的信息元素也必然要加以组合，使信息流具有结构的性质，从而确保信息传递的清晰性、稳定性。至此，我们大致可以给"语言信息结构"下一个比较充实的定义：

语言信息结构是指在人与人之间进行言语交际时凭借语言这一载体传递信息所形成的由不在一个层面上的种种信息元素所组合成的以信息流形态呈现的一种结构。

不言而喻，语言信息结构如同语言一样，也会有它自己的结构系统和内在规律。

关于语言信息结构问题，早就有人提出来了，也不断有人研究。国外最早的如马泰修斯，当代的如 Chafe、Prince、Halliday、Lambrecht 等。在我国，早在 20 世纪 40 年代，有学者就有"已知""新知"即"已知信息"和"未知信息"的意识。吕叔湘先生在《从主语、宾语的分别谈国语句子的分析》第三部分"分析"中谈到主语、宾语和施事、受事位置关系时说道：

> 由"熟"而及"生"是我们说话的一般的趋势。这不完全是为了听者的便利，说话的人心里也是已知的先浮现（也可以说是由上文遗留下来），新知的跟着来。大多数句子都是施事者是已知的部分，所施事是新知的部分，例如"大鱼吃小鱼，小鱼吃虾米，虾米拱起背"，说到第二句"小鱼"已见于上文，"吃虾米"是新添的部分，到了第三句，"虾米"又成了已知的部分，"拱起背"是新添的部分。

吕先生这段话里新旧信息的意识十分明显。遗憾的是，吕先生后来没有再从这个视角去分析汉语语法现象，更没有能将这种意识深化为理论。这是非常可惜的。20 世纪 80 年代以来，我国学者从语言传递信息这一观念来分析汉语一些语法现象的研究成果，虽还是比较零碎的，但也逐渐多起来了。不过，讨论得比较多的集中于"话题"与"焦点"这两大问题上，而语言信息结构所需探讨的问题还有很多很多（具体见下一节）。

　　语言信息结构包含句子信息结构、篇章信息结构。"句子信息结构"是语言信息结构中最基本的结构；"句子信息结构"以上的大小信息结构统称为"篇章信息结构"，这是一种"跨句的信息结构"，跟句群、段落、篇章相对应。鉴于我们研究语言信息结构的目的是给汉语法研究提供一种新的视角，因此本文只谈句子信息结构问题，至于篇章信息结构不准备在这里展开谈，虽然某些句法现象的圆满解决可能得从篇章信息结构的角度来看，来分析。

　　关于"句子信息结构"，当初马泰修斯设想为"主位—过渡—述位"这样一种结构模式。主位是"话语的出发点"，是"所谈论的对象"，属于"已知信息"；"述位"是"话语的核心"，是"说话人对主位要讲的话，或与主位有关的话"，也是说话者要传递给听话人的主要信息，属于"未知信息"；"过渡"是属于"非主位的但又负载最小交际能力的成分"。例如：

　　（11）He　has　　fallen　ill．　（他病了。）
　　　　　主位　　过渡　　　述位

例（11）里的 He 是主位，是所谈论的对象；ill 是述位，是话语的核心；has fallen 是过渡，是负载最小交际能力的成分。如今基本都采取二分法，即认为一个"句子信息结构"由两大部分组成——主位是一大部分，主位之后的是另一大部分（包括马泰修斯所说的过渡与述位）。这两大部分该如何命名？目前学界又有几种不同的设想与说法：

（一）"主位—述位"；

（二）"话题—评述"；

（三）"话题—自然聚焦点"；

（四）"已知信息—未知信息"。

我们比较倾向于采纳（二）"话题—评述"的说法。为什么？

关于（一）"主位—述位"的说法，按"主位"的不同性质还可细分为三小类：

（a）话题主位。主位指明说话的话题。例如：

（12）我们女人哪就是倔。

（13）那场大火啊，幸亏消防队来得早！

（b）人际主位。主位是表明说话人语气、态度的单元成分。例如：

（14）最好啊，谁也别欠谁的情。

（15）我觉得吧，你特有才气！

（16）不如啊，开个会商量商量。

（c）篇章主位。主位属于句子信息结构，但起着在篇章中前后或者说上下连接的作用，因此是篇章中连接句与句之间的连接成分、关系成分。例如：

（17）<u>其实呀</u>，他并不傻。

（18）<u>一上这小楼啊</u>，特舒心！

Halliday 论述了"主位—述位"结构，并明确指出，"'已知信息 + 新信息'结构同'主位 + 述位'结构并不是一回事"；"'主位 + 述位'是以说话人为准，'已知信息 + 新信息'则是以听话人为准"。Halliday 的看法完全正确。上述（a）小类"主位—述位"结构可认为与一般人所说的"话题—评述"的句子信息结构相当，而（b）和（c）小类"主位—述位"结构里的所谓"人际主位""篇章主位"不如看作为句子信息结构中为前景信息提供"背景信息"或"衔接性信息"的某种信息元素。

关于（三）"话题—自然聚焦点"的说法，一般句子信息结构确实是如此，但并不都是如此，如一问一答的答话，有时就不符合"话题—自然聚焦点"的分析。例如：

（19）"谁看过这个电影？""<u>张萍</u>看过这个电影。"

例（19）答话的信息焦点就在"张萍"上，"看过这个电影"不是答话的"自然聚焦点"。

至于（四）"已知信息—未知信息"的说法，其情况跟（三）的说法类似，实际上已知信息未必一定在未知信息之前，特别是在答话中。

基于上述认识，所以关于"信息结构"的两大部分，我们倾向于采用"话题—评述"的说法。

"句子信息结构"的不同说法，也反映了有关句子信息结构乃至语言信息结构的研究目前还很不成熟，必须加强研究。

五、需要进一步探究的问题

关于语言信息结构，有许多问题需要我们进一步去探究。像下面这些问题就很值得考虑与探究：

1.什么叫话题？怎么确认话题？什么叫评述？怎么确认评述？什么叫信息焦点？怎么确定信息焦点？"评述"与"信息焦点"该是什么关系？汉语句子信息结构里的话题、评述和信息焦点各有什么特点？是否需要标记？如果需要用标记，各需什么标记？

2.信息流可能会包含哪些不同的信息元素？那不同的信息元素各处于怎样的不同层面？汉语信息流是否有自身的特色？如何确保形成稳定的信息流？如何确保信息传递的连贯性、稳定性、清晰性、顺畅性？

3.背景信息和前景信息各有什么特点？背景信息和前景信息是否会有标记？如果有，会是什么样的标记？

4.如何测定和判别某个信息单元的信息量的大小？判别已知信息量的大小、判别未知信息量的大小各依据什么？

5.一个句子信息结构是否只允许有一个话题？能否允许有多个话题？如果允许有多个话题，如何确认那多个话题？那多个话题，得依据什么来确定其排列次序？

6. 一个句子信息结构是否只允许有一个信息焦点？能否允许有多个信息焦点？如果允许有多个信息焦点，如何确认那多个信息焦点？那多个信息焦点，得依据什么来确定其排列次序？

7. 话题总是表示已知信息吗？如果回答是否定的，又该如何解释？如何判定？

8. 汉语信息焦点总是在句子后部吗？如果回答是否定的，又该如何解释？如何判定？

9. 表示已知信息的话题之后，如果存在不止一个未知信息单元，那么那多个未知信息单元该如何排列？那多个未知信息单元的前后排列依据什么原则？

10. 表示未知信息的信息焦点之前，如果存在不止一个已知信息单元，那么那多个已知信息单元该如何排列？那多个已知信息单元的前后排列依据什么原则？

11. 言谈交际中，传递信息所凭借的最小单位是句子，所传递的信息是由句子的意义所提供的基础信息和言谈交际的语境所提供的辅助信息融合而成的，具体是怎样融合的？那融合的过程该是怎样的？

12. 语言信息结构里的句子信息结构和语言结构里的句子结构，彼此该是一种什么关系？这二者的关系在人类各个语言中是一样的，还是有差异的？如果说是有差异的，造成差异的因素是什么？在汉语里，句子信息结构如何制约句子结构中词语的排序？

13. 凭借语言手段，具体说凭借汉语来传递信息，需要遵循一定的准则吗？具体要遵循什么样的准则？

14. 语言信息结构的结构系统及其内在规律具体是什么样的？

15. 萧国政认为，任何句子信息结构都具有二重性，即一个完整的句子至少具备二重信息结构。句子信息结构是否具有二重性？

16. 语言信息结构的本质特点是什么？到底该如何给"语言信息结构"下一个比较科学的、充分的定义？如何具体说明语言信息结构的内涵与外延？

当然，可能或者说肯定还会有其他一些问题。

国外还有"信息包装"之说。对此我们持有不同看法。关于"信息包装"问题，我们将另文讨论。

六、句子结构和句子信息结构的关系

上文第 12 个问题：语言信息结构里的句子信息结构和语言结构里的句子结构，彼此该是一种什么关系？这二者的关系在人类各个语言中，是一样的还是有差异的？如果说是有差异的，造成差异的因素是什么？现在就先来说说这个问题。

人类各个语言的结构系统及其内在规律有共性，又各有个性，不完全一样。这是大家都承认的。早期洪堡特就将语言分为孤立语、黏着语、屈折语三种类型，语言事实本身和语言研究的成果已充分证明这是很有道理的。至于人类的语言信息结构是否也是既有共性又有个性？这还是一个需要进一步探讨的问题。这里我们不妨先来考虑这样的问题：句子结构跟句子信息结构之间该是一种什么样的关系？印欧语是形态语言，汉语属于非形态语言，那么印欧语的句子结构与句子信息结构彼此之间的关系，跟汉语的句子结构与句子信息结构彼此之间的关系，是否一致？

说到句子结构与句子信息结构的关系，目前国内外有这样一种看法：信息结构是语法结构的组成部分。按此说，语言结构与语言信息结构彼此是一种包含关系。我们则不这样认为。语言事实将会告诉我们，语言结构与语言信息结构，具体说句子结构与句子信息结构，彼此不是包含关系，它们并不在一个层次上，彼此是平行的两套结构；当然，彼此会互有影响。

由于语言最本质的功能是传递信息，所以任何语言的句子结构必然要受信息传递的影响；譬如就目前所知的语言来说，在一般情况下，都是会将传递已知信息的语言成分放在传递未知信息的语言成分之前，这可能可以认为是人类语言信息结构的共性之一。但根据我们的观察与分析，汉语的句子结构受句子信息结构的影响跟印欧语（如英语）的句子结构受句子信息结构的影响可能是有差别的。差别在哪里？我们不妨先说些实例——假如要传递这样一个事件信息：

那窗户玻璃打破了，打破那窗户玻璃的人是汪萍。

而在传递这一事件信息时说话者要拿听话人也知晓的"那窗户玻璃"作为话题，那么传递这一事件信息所形成的信息流中，"那窗户玻璃"是话题，位居信息流的最前端；"打破了"是说话人要传递的最主要的未知信息，是信息焦点；"汪萍"是专有名词，虽也属于未知信息，但信息单元的未知信息量显然大大小于"打破了"，所以不可能居于"打破了"之后。凭借汉语来传递那信息，句子内词语的先后排列次序就会完全按照信息结构的常规——作为话题的"那窗户玻璃"居于句首，作为信息焦点的"打破了"居于句尾，"汪萍"居于中间，说成：

（20）那窗户玻璃（被/给）汪萍打破了。

英语虽然也会将作为话题的 the windowpane（那窗户玻璃）居于句首，但是，居于句尾的则是 by Wang Ping（汪萍），而非 break（打破）。整个句子是：

（21）The windowpane was broken by Wang Ping.

那是因为按英语句法规则，那前置词结构得置于谓语动词的后面。再譬如，"抢"和"偷"所形成的句子结构，汉语和英语不一样，请看：

英语

（22）a. Jesse robbed John of all his money.

（直译：杰西抢了所有钱的约翰。）

b.*Jesse robbed a million dollars from John.

（23）a. Jesse stole some money from John.

（直译：杰西偷了一些钱从约翰那里。）

b.*Jesse stole John of some money.

汉语

（24）杰西抢了约翰所有的钱。

（25）杰西偷了约翰一些钱。

不难发现，汉语，无论是说"偷窃"事件还是说"抢劫"事件，还是按信息传递规则来排列句子词序（未知信息量越大越往后排）；而英语得照顾民族心理——使用"抢"（rob）时，目标和抢劫者被侧重，所以让作为目标的被抢者成分作动词的直接宾语，被抢的钱财物用前置词引出；而在使用"偷"（steal）时被侧重的是偷窃物和偷窃者而非被偷窃者，所以让偷窃物成分作宾语，被偷者则用前置词引出。许多语言事实表明，一种语言之所具有某方面特性，其中一个原因是受该语言所属的民族心理影响。

更值得注意的是，在汉语里，话题句特别多；如果用印欧语的眼光看，汉语里的话题句简直多到了喧宾夺主的程度。在英语里，居于句首作主语的词语只能是名词性词语，而且只能是主格（主动句主格为施事，被动句主格为受事）；行为动作义、性状义或表事件的词语要做主语都得名词化（或加某种词缀变成名词，或采用名词性的动词不定式或动名词）。汉语作主语的则除了名词性词语外，还可以是动词、形容词性词语、各种谓词性词语，而在形式上无须进行名词化加工；而名词性词语作主语时，除了施事、受事外，什么表示时间、处所、工具、属格形式或原因等词语都可以作主语，而且古今汉语一贯。譬如，有这样一个事件结构：

我打篮球了，是和李洪军一起打篮球，时间是昨天。

在汉语里，我们当然可以拿"我"作话题，可以拿"李洪军"作话题，但也可以拿"昨天"这一时点作话题，也可以拿"我和李洪军打篮球"这一事件作话题。拿什么作话题就将什么居于句首，而且无须进行名词化加工，直接说成：

（26）昨天我和李洪军打篮球了。
（27）我和李洪军打篮球是昨天。

可是英语就不行。例（26）翻译成英语一般说成：

（28）I played basketball with LI Hongjun yesterday.

或者采用"准分裂句"的说法，说成：

（29）The time I played basketball with Li Hongjun was yesterday.

反正"明天"（yesterday）不能居于句首。现在在美式英语口语里有时也可以说成：

（30）Yesterday I played basketball with LI Hongjun.

不过例（30）不是一种很常见的正规说法。例（27）翻译成英语要说成：

（31）It was yesterday that I played basketball with LI Hongjun.

关于汉语里的话题句特别多这一点，一百多年前的德国著名语言学家、汉学家甲柏连孜（Gabelentz）就注意到了。他在 1881 年出版的系统描述古汉语语法的《汉文经纬》里就设立了"心理主语"这一术语，与"语法主语"相对待。他认为心理主语"即说话人言及的主要对象"，"言语的直接对象是心理主语，但心理主语并不总是等同于语法主语（也即英语的主格），而是可以由其他句子成分充当，如表示时间或处所的成分、语法宾格及其属格形式，等等。这类充当心理主语的词必须从句法联合体中挣脱出来，获得绝对独立的地位"。而 20 世纪后半叶开始，赵元任先生就认为汉语句子的主语可看作是话题；朱德熙先生同意并接受这一观点；吕叔湘先生则更是风趣地认为，汉语的主语实际是动词的各种补词轮流坐庄的庄家；Charles Li & Sandra Thompson 则进一步从语言类型学的角度径直确认汉语为话题型语言。

汉语和英语所以不同，就在于英语属于形态语言，它在句子平面上会更多地受句法规则制约——不仅词形要受句法规则制约，词序也要受句法规则制约。汉语则属于非形态语言。就句子平面的词序而言，汉语句子内词语的排列次序相对于英语来说，比较接近句子信息传递的需求。当然，这一看法还是经验性的，还需进一步搜集语料，考虑不同语体的情况，进行深入的比较分析，而且最好能做到用统计数字说话。

七、汉语句子信息结构遵循的准则

关于汉语句子信息结构所需遵循的一些准则，在我 2016 年的文章《从语言信息结构视角重新认识"把"字句》已做了初步说明。为使大家了解，不避重复照录如下，个别有所修改，会在脚注中注明；但为节省篇幅，这里只引录准则，一般不再举实例。准则如下。

【准则一】作为一个句子信息结构，必定含话题与评述（陈述）两部分；二者形成"话题—评述（陈述）"信息结构。

【准则二】在句子信息结构中，可以没有已知信息成分，即使有也可以省去；但未知信息成分必须有，而且不能省去。

【准则三】在句子信息结构中，未知信息单元一般位于已知信息单元之后成为信息结构的常规焦点，如果位于已知信息单元之前，必须有标记（或词语标记，如现代汉语里的"是"；或语音标记，如重音）。

【准则四】在句子信息结构中，核心动词后如果出现多个信息单元，信息未知程度高的居于信息未知程度低的之后。

【准则五】在句子信息结构中，核心动词前如果出现多个信息单元，信息已知程度高的居于信息已知程度低的之前。

【准则六】在句子信息结构中，背景信息可处于上文而不在句中出现；如果在句中出现，居于前景信息之前。

【准则七】作为陈述句的信息结构，在信息量的占有上，说话者要大于听话者。

【准则八】问句答话的信息焦点与问话的疑问点在句中位置相一致。

以上所说的信息传递所遵循的准则是就汉语而言的，不一定仅限于这八条准则。是否还可能有别的什么准则？其他语言如何？也还需进一步探索。

八、关于语言信息结构研究的效应

由于汉语句子各个词在组合时的先后排列次序首先或者说主要服从于信息传递的需求，所以汉语语法研究如果真要摆脱印欧语的干扰，必须重视汉语语言信息结构特别是汉语句子信息结构的研究。

汉语研究成果已初步表明，从汉语信息结构的视角考虑，对某些句法现象，获得了新的认识。

【例一】从汉语信息结构的视角来研究"把"字句，获得了对"把"字句的新认识，让我们了解了（一）表示"处置"义并非"把"字句的专利；（二）"把"字句跟其他诸如"主—谓—宾"句、主谓谓语句、受事主语句等在表达上实际就是在信息传递上的差异；（三）"把"字句（以表示"处置"义的"把"字句为例）的特点在于：（a）要让"处置者"为话题。（b）要让"处置结果"作为信息焦点，以起到凸显传递并认定"处置结果"这一信息的作用。（c）运用介词"把"，以便自由地将"处置对象"引入句子内；"把"成了"处置对象"的标记，进而成为"把"字句的标记。

【例二】从语言信息结构的视角，解释了带指人宾语和时量准宾语的双宾结构内部不同词序的问题——请看例句：

（32）a. 我教了三年外国人。[时量在前，宾语在后，可接受]

b.*我教了外国人三年。[宾语在前，时量在后，单独成句不接受]

（33）a.*我教了三年他们。[时量在前，宾语在后，根本不接受]

b. 我教了他们三年。[宾语在前，时量在后，可接受]

"外国人"和"他们"都用来指人，而且都处于焦点位置上，但在例（32）、例（33）里词序不同，原因是，人称代词，其已知信息量要远远大于名词语"外国人"，而运用语言传递信息所需遵循的一条准则（准则四）是："在句（子）信息结构中，核心动词后如果出现多个信息单元，信息未知程度高的居于信息未知程度低的之后。"

【例三】对某些修辞现象，如上文第三节所举的例（9）：

（9）医师：今天 Ø[膝盖] 怎么样？

笔者：喔，我膝盖，教堂没有开会。

也得到了满意的解释。①

【例四】语言信息结构理论也很好地解释了书面语中那种"环环相扣"的修辞现象（如杏林子《生命　生命》开头一段）。②

【例五】值得注意的是，有些为人不注意的语言现象，正是从语言信息结构视角切入观察而得到揭示，获得解释的。例如：

（34）a. 他很冷。| 我很冷。|* 你很冷。

b. 他很累。| 我很累。|* 你很累。

c. 他很疼。| 我很疼。|* 你很疼。

例（34）都是形容词谓语句，都是形容词词性词语直接作谓语，

---

① 参见屈承熹《话题的表达形式与语用关系》，徐烈炯、刘丹青主编《话题与焦点新论》，上海教育出版社 2003 年版。

② 参见陆俭明《消极修辞有开拓的空间》，《当代修辞学》2015 年第 1 期。

其主语只能用第一、第三人称的，不能是第二人称的，除非所形成主谓短语不是单独成句，而是处于被包含状态（如："我以为<u>你很冷</u>。""<u>你很冷</u>，这我知道。""<u>你很冷</u>的时候会身子发抖吗？"）这一现象是朱敏从信息传递角度思考而获得的。她曾专门对使用频率较高的"高兴"一词进行了个案调查，在 500 万多字的语料中，没找到任何以"你（们）"作主语、"高兴"单独做谓语的独立陈述句，出现的都是"非独立句"。对例（34）的语言现象，朱敏正是从语言信息结构的视角来加以解释的，她说：所谓陈述是指说话人将自己对主客观事物的感知所得通过一定的语言符号传递给听话人。陈述的交际功能是说话者"给予"听者"信息"。这也就是陈述的目的。因此，"陈述的时候必须提供足量的信息，否则一个陈述是没有意义的。这就是一个正常的、一般的陈述句所应遵守的语用原则"。这就决定了"在信息量的占有上，说者应该大于听者；在信息内容上，说者传输给听者的应该是后者未知的新消息"。"说者＞听者"，这就是陈述句的信息模式，就是"陈述句的信息流向"；"如果传递的是'听者已知'的消息，那么陈述无效"。这也就是说，例（34）第二人称主语句违反了"作为陈述句的信息结构，在信息量的占有上，说者大于听者"的【准则七】。

【例六】再有，2017 年 4 月 10 日在澳门大学举行的"第十届海峡两岸现代汉语问题学术研讨会"上，沈阳报告了他对汉语口语中"没的 V（了）"（如：这没的说 | 他呀，没的救了 | 这一来就没的休息了 | 这样大家都没得玩儿了）里的"没的"的研究，他

从多方论证，确认那"没的"是一个相当于古汉语的"莫"和英语里的 nobody、nothing 和 none 的"否定性无定代词"，其中之一就是从"语言信息结构"的角度来加以论证的——"没的（V）"的语法化过程也是信息结构要求使然。在我们看来，包含"没的 V"句子中的"没的"就是对整个句子话题所做陈述时的"信息焦点"。"没的 V"都是对句子前面话题的陈述。但"没的 V"凸显或否定的并不是动作本身，说话人通过"没的"要强调的其实是动词 V 所表示的行为动作涉及的一个有关行为动作条件的"空集"，即对"实现行为动作所需的各种条件"作全值否定。

今后的研究将会进一步表明，从汉语信息结构的视角切入能更好地解释许多汉语语法现象和修辞现象。这里也不妨再语法、修辞各举一个例子。

【例七】语法的例子。现代汉语里有一种表示让步转折的句式，例如：

（35）"那衣服漂亮，买吧。""漂亮是漂亮，就是太贵了。"
（36）"那文章看了吗？""看是看了，但我没有看懂。"

"漂亮是漂亮""看是看了"，其中并无表示"让步"的词语，为什么能表示"让步"的意思？过去百思不得其解。现在语言信息结构理论为我们提供了解释的理据——那"X 是 X（了）"小句里边，前面那个 X 承前面的句子而来，在"X 是 X（了）"小句里已成为已知信息，实际是一个话题。按语言信息结构理论，既然"X"（如"漂亮""看"）作了话题，后面的陈述应提供新信息，可是"是X"所提供的并不是新信息，只是重复了话题所说的内容。从信息传递的角度说，这等于是"在原地踏步"；而"在原地踏步"意味着"让步/容让"。（此例是张伯江先生口头提供的。）

【例八】修辞的例子。请看实例：

（37）*生产衬衫有两道工序，一是上袖口，二是上领子。在这两道工序上纺织三厂和纺织四厂各有所长。三厂上袖口的技术比四厂差，而四厂上领子的技术没有三厂高。

（38）*洪水是退了，但是眼前是一片不好的景象：洪水把村舍的房屋冲倒了一大半，把猪、鸡、羊都淹死了，空气里充满了难闻的臭味儿；洪水把成堆的木材也几乎都冲光了……。

例（37）、例（38）以往都是作为病句或偏误句来分析的。以往对例（37）的分析是：这段话每个句子从语法上来说都没有问题，但是听也好看也好总觉得别扭。原因是叙述角度不统一，"随意变换叙述角度"的修辞病例。我在《修辞的基础——语义和谐律》一文中，在说明"句式选择上，还要求前后句式上下匀称、和谐"时，也引了这段话，作为"不和谐"的实例。如今从语言信息结构的视角看，这段话明显地在表述上存在两处有碍信息流顺畅的毛病，一处是上文既然是说两个厂"各有所长"，按理下文就应该从他们各自的长处说，现在却从他们各自的短处说，信息流受到阻断；另一处是"X 比 Y 差"与"X 没有 Y 高"这两种说法虽表义相近，但句式不同，含义也有所差异，相邻前后句并排使用，也容易使信息流受到阻断。因此，这段话从语言信息结构角度看，违反了信息传递的连贯性、清晰性的原则。以往对例（38）的分析是：就一个个小句孤立来看，都合语法，但是例（38）冒号以后的部分，是要具体描绘洪水过后的不好景象，按说应顺着上文的意思，用表示遭受义的"被"字句，不宜用"把"字句，可是却用了好几个"把"字句，使前后文气很不协调、很不连贯。这分析不错，但人们还得追问：为什么例（38）用了"被"字句就能使前后文气协调、连贯了呢？其实从语言信息结构的视角看，这个句子的问题也出在有违汉语篇章信息结构的要求。例（38），上文是说"眼前是一片不好的景象"，下文是来具体描述洪水过后那"不好的景象"的，这就不能让那"洪水"来作话题，而应让遭受洪水之害的事物来作话题。采用"被"字句，不仅就可以让那遭受洪水之害的事物来作话题，更增强了遭受不幸的意味。

我们相信，今后的研究还会进一步显示，许多语法现象，许多修辞手段的运用，许多词语的语法化问题，语言的变异，特别是如刘大为所说的"修辞构式"的产生与固化，都由语言传递信息这一语言的本质功能决定的。而像形式语法学常常讨论的各种移位的动因问题，诸如被动句的生成所涉及的动词的域内论元（宾论元）移位至句首的动因等，其实根本的动因是信息传递的需要，或者说都是在信息结构驱动下实现的。

九、结　语

我们强调要重视汉语信息结构的研究，并认为从研究汉语信息结构切入来观察、分析、描写汉语语法，会成为"摆脱印欧语的干扰，用朴素的眼光看汉语"之汉语语法研究的一个新视角，而也将有助于推动汉语修辞研究。当然，研究汉语语法研究、汉语修辞研究不能只有语言信息结构这一个视角，还得运用其他一些理论方法。就语法研究而言，还需用到"语言经济原则"理论、构式语法理论、"词组本位"理论、韵律语法理论等。限于篇幅，这里不细说了。

总之，我们必须重视汉语信息结构的研究，特别是对汉语句子信息结构进行深入的研究。这方面还未充分引起学界的关注，目前还没有太多的研究，这将是一个很有施展空间的研究领域。本文仅仅是引玉之砖，竭诚希望有众多的学者投身到这一研究中来。

再谈语言信息结构理论

一、引言

《当代修辞学》2017 年第 4 期发表了笔者《重视语言信息结构研究 开拓语言研究的新视野》一文。文章在回顾了近几十年汉语语言学界先后提出的"词组本位"语法观、"小句中枢说"语法观、"字本位"语法观、"意合法"语法观、"语用优先"语法观、"名动包含"语法观等六种探索的路子的基础上，提出了自己的带有探索性的新想法，那就是从语言信息结构的视角看汉语语法。

文章发表后，不断收到读者邮件或电话，共同的问题是：您是怎么想着要提出语言信息结构这一汉语语法研究的视角的？笔者提出语言信息结构这一汉语语法研究的视角，源于四方面因素。下文将对这四方面因素一一加以说明，作为对这个问题的回答。

二、提出语言信息结构作为汉语语法研究视角的四个因素

第一，语法研究和语法教学的实际需要。在语法研究和语法教学中，常常会碰到这样那样的问题，其中不少问题，运用现有的语法分析理论似难以作出深刻的回答与解释，这就迫使我们要去寻求新的研究思路。譬如：表感知的形容词词语，如"累、疼、冷"①等〔例（1）〕，在陈述句中如果直接做谓语，要受到限制——不接受第二人称主语。这是为什么？怎么解释？

(1) a. 我很累。/ 他很累。/ *你很累。

　　 b. 我很疼。/ 他很疼。/ *你很疼。

　　 c. 我很冷。/ 他很冷。/ *你很冷。

再如，例（2）中主谓谓语句及把字句都成立，但例（3a）的主谓谓语句不成立，例（3b）的"把"字句成立。这是为什么？怎么解释？

(2) a. 姐姐衣服洗干净了。

　　 b. 姐姐把衣服洗干净了。

(3) a. ？姐姐全是油腻脏得不得了的衣服洗干净了。

---

① "冷"既是表感知的形容词，也是表评注的形容词（如"今天很冷"）。

　　b. 姐姐把全是油腻脏得不得了的衣服洗干净了。

　　此外，在汉语教学中[①]，"把"字句让教师、学生都有挫败感——普遍出现不该用而用、该用不用的偏误现象。例如：

　　（4）* 洪水是退了，但是眼前是一片不好的景象：洪水把村舍的房屋冲倒了一大半，把猪、鸡、羊都淹死了，空气里充满了难闻的臭味儿；洪水把成堆的木材也几乎都冲光了，……。

　　马真分析说，例（4）这段话，就一个个小句孤立来看，都合语法。但是，冒号以后的部分，是要具体描绘洪水过后的不好景象，按说应顺着上文的意思，用表示遭受义的"被"字句，可是却用了好几个"把"字句，使前后文气很不协调、很不连贯。这个分析不错。但我们还得追问：为什么用"把"字句就使前后文气很不协调、很不连贯？

　　第二，刘大为《从语法构式到修辞构式》一文引发的思考。刘文提出了"语法构式—修辞构式—语法构式"这一语法发展变化的链条，并作了清晰的论述，大意如下：

　　语法的变异造就了大量不典型、非常态、使用受到一定情境局限的句子，为显示它们与语法通常所研究的构式之间的区别及

---

① 这里所说的"汉语教学"包括对外汉语教学、汉语国际教育和华文教学。

割舍不断的联系，我们将它们称为修辞构式。具有可推导性的是语法构式，当新的表达动因作为构式义加在语法构式上时，破坏了构式的推导性，就形成具有不可推导性的修辞构式。修辞构式重复使用造成了新的单位，所以具有了能产性，可替换就意味着有一个结构框架已经形成，重复使用的是框架而不是它的话语实体。随着不可推导的意义渐渐凝固在构式上，构式也就渐渐呈现出语法的性质，待到这种意义完全凝固成构式的一部分，修辞构式也就转化为语法构式。

"新的表达动因"是什么？刘大为在文章中并未做进一步的解释与说明，而这是很值得我们重视的。我想，"新的表达动因"就是信息传递的需要——新的表述会引起新的刺激，会迎来新的信息反馈；这也说明凭借语言进行信息传递对语言，特别是对语法的变异会起着重要的作用；研究语法不能不关注语言信息结构。

第三，对语言的再认识。对于语言的功能，原先大家的认识就是那"老三句"：语言是人类最重要的交际工具，语言是思维的物质外壳，语言是一个民族乃至人类记录、传承文化的主要载体。这看法很对。但我们还需思考：语言为什么能成为"人类最重要的交际工具"？原因就在于语言最本质的功能是传递信息。最近读到许国璋先生1986年所写的文章《语言的定义、功能、起源》，该文已经指出，"语言是人与人传输信息的中介"。可惜大家没有太在意，没去进一步思考。

关于语言的本体性质，原先的认识是：语言是声音和意义相结合的符号系统。这也没有错，但应更深刻地认识到，语言是一个具有层级性的、复杂的声音和意义相结合的符号系统。而语言之所以有这样的符号系统，也是由"传递信息"这一语言的最本质的功能所决定的。

我们知道，说话人要将自己对客观事物或现象的种种感知传递给他人，中间会进行两次复杂的加工——第一次加工是在说话者认知域内进行的，主要是将自己通过某些感觉器官所感知形成的直感形象或直觉以及由此形成的意象图式，运用内在语言将其进一步加工为概念结构、概念框架。第二次加工是说话者根据自身的交际意图、言谈交际环境、听话人情况等的不同或变化，将自己在认知域中已形成的概念结构、概念框架运用外在语言转化为所要传递的信息。在第二次加工中，主要运用语言系统中的动态单位句子来传递说话者要想传递的信息；同时还要解决两个问题：一是如何将作为句子建筑材料的词，按所传递信息的需要，很合理地组合成句子？二是如何确保信息传递的清晰性、连贯性、稳定性、顺畅性？

我们知道，传递一个复杂的信息，往往需要用到十几个乃至更多的词。假如只是孤立地将众多的词一个个地罗列出来，一方面孤立的词义不能形成关联语义，更无法生成句义；另一方面从量上来说，也会受到人的认知域的"7±2"记忆法则的制约。因此，借以传递信息的句子，其内部所包含的若干个词，必须依据所传递的信息及其复杂程度，进行层层打包组块，最好还能给个标记。以汉语传递存在事件的信息为例。现代汉语里传递存在事件信息，主要运用甲、乙两类存在句：甲类用动词"有"，乙类用动词语"V着"。例如：

（5）a. 沙发上有一只猫。

b. 沙发上有几粒糖。

（6）a. 沙发上睡着一只猫。

b. 沙发上放着几粒糖。

"沙发上"表示存在处所，是信息传递中的话题，"一只猫、几粒糖"表示存在物，是传递给他人的主要信息，就是句子的"信息焦点"。那"有"和"V着"实际起着链接作用，而且也可以视为存在句的标记。

作为链接成分和标记的"有"和"V着"，其语形长度是有限的；表示存在物和存在处所的语形长度可以因为"要求指示得尽可能清楚明白"而会很长很长，如例（7）所示：

（7）a. 张三前天刚从王府井买的床上　有　　一个发着高烧的病人。

b. 张三前天刚从王府井买的床上　有　　三床红锦缎被面的新被子。

c. 张三前天刚从王府井买的床上　躺着　一个发着高烧的病人。

d. 张三前天刚从王府井买的床上　叠着　三床红锦缎被面的新被子。

为什么词语再多还是能保持"存在处所—链接—存在物"这三块呢？那是因为有"有"或"V着"标记在那里指示——只要在"有"或"V着"这标记之前是个处所成分，后面又有个表示事物的成分，就只能是传递"存在"事件的信息流。

因此语言之所以是一个具有层级性的复杂的符号系统，就是由"传递信息"这一语言的最本质的功能所决定的。

那么凭借语言所传递的信息何以能形成一个信息结构呢？须知凭借语言的句子等动态单位所传递的信息会形成一个像流水那样的信息流。在这信息流中，一般包含多种信息元素，诸如：a）说话人所要谈论的话题；b）说话人有必要传递给听话人的某些已知的旧信息；c）说话人最想要传递给听话人的种种未知的新信息；d）为使听话人便于了解与明白所传递的信息而附加的某些背景信息；e）为表明人际关系等而附加的情态信息；f）为确保所传递的信息前后能衔接而附加的衔接性信息；g）某些标记性信息元素；等等。这多种多样的信息元素，显然不会在一个层面上。这样，信息流中这众多的信息元素也必然要加以组合，使信息流具有结构的性质，从而确保信息传递的清晰性、稳定性。至此，我们大致可以将"语言信息结构"定义为（8）：

（8）语言信息结构是指，在人与人之间进行言语交际时，凭借语言这一载体传递信息所形成的、由不在一个层面上的种种信息元素所组合成的、以信息流形态呈现的一种结构。

第四，汉语和英语在受信息传递制约方面的差异。我们注意到，各个语言在其语言结构系统跟其相对应的语言信息结构系统之间的关系上，既有共性又有个性。就句子结构与句子信息结构之间的关系而言，各个语言所具有的共性有：a）各个语言的句法都会受语言信息结构一定的制约；b）各个语言的"句子信息结构"，都是"话题—评述"结构[①]；c）在一般情况下，话题传递的是已知信息，评述传递的是未知的新信息；d）已知信息在前，未知信息在后；等等。但是，各个语言，其句子结构与句子信息结构之间的关系又有差异。汉语和英语就不同。语言事实告诉我们，汉语的句子结构受信息传递的影响要大于英语。譬如，若要传递"那窗户玻璃打破了，打破那窗户玻璃的人是汪萍"这样一个事件信息，汉语一般会说成（9a），可是英语会是（9b）。英语虽然也会将作为话题的 the windowpane 居于句首，但是居于句尾的则是 by Wang Ping，而不是 break。

（9）a. 那窗户玻璃（被／给）汪萍打破了。

　　　b. The windowpane was broken by Wang Ping.

再如（10a）要译成英文，得说成（10b），因为英语前置词结构得居于谓语动词之后。

---

① 关于句子信息结构，实际有"主位—述位""话题—评述""话题—自然聚焦点""已知信息—未知信息"等不同说法，但大家比较认可的是"话题—评述"结构。

（10）a. 我昨天跟张恭承教授打篮球了。

b. I played the basketball yesterday with
Prof. Gongcheng Zhang.

更值得注意的是，汉语里话题句特别多，充任话题的词语可以是名、动、形各种词类，而且当谓词性词语做话题时在形式上无须进行名词化加工，当名词性词语做话题时，什么论元角色都可以；而且古今汉语一贯。这一点许多学者早已指出来了；Li & Thompson 则进一步从语言类型学的角度径直确认汉语为话题型语言。总之，语言事实告诉我们，在句子平面上，英语更多受句法规则的制约，而汉语更多受信息传递的影响。这是因为英语属于形态语言，汉语属于非形态语言。既然如此，研究汉语语法，就更需要语言信息结构这一研究视角。

三、已见到的成效

到目前为止，运用语言信息结构理论来审视汉语语法现象，已经收到其他语法分析理论所没有的成效。首先，关于准双宾句① 两个宾语的前后位置问题得到解决。例如：

（11）a. 我教了三年英国学生。

（时量在前，宾语在后，可接受）

---

① 准双宾句是指"谓语动词后带一个受事宾语同时带一个数量宾语"那样的句子。

b. *我教了英国学生三年。

　　　　（宾语在前，时量在后，不接受）

（12）a. *我教了三年他们。

　　　　（时量在前，宾语在后，不接受）

　　　b. 我教了他们三年。

　　　　（宾语在前，时量在后，可接受）

（13）a. *那 iPad 我教了三天婆婆，她就会了。

　　　　（时量在前，宾语在后，不接受）

　　　b. 那 iPad 我教了婆婆三天，她就会了。

　　　（宾语在前，时量在后，可接受）

　　根据我们的研究，汉语传递信息需遵循这样一条准则，见（14）：

　　（14）在句子信息结构中，核心动词后如果出现多个信息单元，信息未知程度高的居于信息未知程度低的之后。

　　根据（14）就可以解释例（11）—（13）的差异。首先，人们对常用的数量成分敏感度极高。"三年"的未知程度明显低于"英国学生"，所以"三年"在前，"英国学生"在后[①]；而人称代

---

① 有时也可以"三年"居前，但只能出现在对比的句子里，如："王教授教了英国学生三年，教了日本学生两年，教了泰国学生三年"。这时，"英国学生""日本学生""泰国学生"成为对比焦点。对比焦点的成分都处于句中。

词"他们"和亲属称谓"婆婆"未知程度低于"三年 / 三天",所以"他们""婆婆"在前,"三年 / 三天"在后。

其次,如例(1)所示的表感受的形容词直接做陈述句谓语之所以对主语人称有选择性——不能是第二人称,是因为汉语信息传递还得遵循(15)这一条最基本的准则。按这一准则,"你很冷 / 很热 / 很累"不能说,就不难理解了。

(15)作为陈述句的信息结构,在信息量的占有上,说话者要大于听话者。

再次,与易位句有关的一个现象得到解释。

(16)他们都走了。

例(16)是有歧义的。按《现代汉语八百词》对"都"的分析,例(16)可分别理解为(17)各句(为便于说明,我们不妨将"都"分化为"都$_1$""都$_2$""都$_3$"三个;句中的'号代表句重音符号):

(17)a. 他们'都$_1$走了。(≅他们全走了)

    b. '他们都$_2$走了。(≅甚至连他们也走了)

    c. 他们都$_3$'走了。(≅他们已经走了)

值得注意的是，相当于"已经"的副词"都"可以易位，即例（17c）可以说成（17c'）：

（17）c'. 他们 ʹ走了，都₃。

而例（17a）（17b）里的"都"都不能易位，即不能说成：

（17）a'. *他们走了，ʹ都₁。
　　　b'. *ʹ他们走了，都₂。

这怎么解释？原来，口语里的易位现象，从语言信息结构的视角看，本质上是一致的，都是：1）焦点成分在前，非焦点成分在后；2）后置成分都必须轻读；3）焦点成分都紧挨着后置成分。据此可知：（17a）里的"都[全]走了"是焦点成分，"都"重读，当然不能易位。（17b）的信息焦点是"他们"，实际是隐含"连"字的表示量级序位化并进行极性强调的句式；"都"虽不是重音之所在，但由于"走了"并非信息焦点，所以"都"不能易位。（17c）里的"都[已经]"，并非焦点算子，得轻读，"走了"是信息焦点，所以"都"可以易位。

最后，语言信息结构完善了对偏误句、病例的分析。例（4）重复为例（18）。

（18）*洪水是退了，但是眼前是一片不好的景象：洪水把村舍的房屋冲倒了一大半，把猪、鸡、羊都淹死了，空气里充满了难闻的臭味儿；洪水把成堆的木材也几乎都冲光了，……。

例（18）是一位高年级外国留学生的"把"字偏误句，马真认为用了"把"字句使前后文气很不协调、很不连贯，该用"被"字句。这一分析不错。但我们得追问：为什么？其实从语言信息结构的视角看，例（18）有违汉语篇章信息结构的要求——上文是说"眼前是一片不好的景象"，下文是来具体描述洪水过后那"不好的景象"的，这就不能让"洪水"做话题，而应让遭受洪水之害的事物做话题。采用"被"字句，不仅可以让遭受洪水之害的事物做话题，更增强了遭受不幸的意味。

再如，报纸上的一个病例：

（19）*生产衬衫有两道工序，一是上袖口，二是上领子。在这两道工序上纺织三厂和纺织四厂各有所长。三厂上袖口的技术比四厂差，而四厂上领子的技术没有三厂高。

以往对例（19）的分析是：这段话每个句子从语法上来说都没有问题，但是听着看着都觉得别扭。原因是叙述角度不统一，是"随意变换叙述角度"的修辞病例（同上）。现在从语言信息结构的视角看，这段话在表述上明显存在两处有碍信息流顺畅的毛病。一处是上文既然是说两个厂"各有所长"，按理下文就应该从他们各自的长处说，现在却从他们各自的短处说，信息流受到阻断；另一处是"X 比 Y 差"与"X 没有 Y 高"这两种说法虽表义相近，但句式不同，含义也有所差异，将这不同的句式前后相邻并排使用，也容易使信息流受到阻断。因此，这段话从语言信息结构角度看，违反了信息传递的连贯性、顺畅性、清晰性的原则。

四、余论

语言信息结构，最早是由布拉格学派创始人 Vilém Mathesius 于 1929 年提出的。之后，无论国外、国内都不断有人研究。

现在我们强调要重视语言信息结构的研究，特别是汉语信息结构的研究，是因为我们认定研究语法，特别是研究汉语语法，需要这一研究视角。从研究汉语信息结构切入来观察、分析、描写汉语语法，会成为"摆脱印欧语的干扰，用朴素的眼光看汉语"之汉语语法研究的一个新视角，会有助于解释更多的汉语语法现象，同时将有助于推动汉语修辞研究。当然，我们提出研究汉语语法需要语言信息结构这一视角，并不是要用语言信息结构理论来完全替代先前的语法分析理论。同时，真要从语言信息结构的视角来研究汉语语法，无论就语言信息结构本身还是就运用此理论来解释汉语语法现象，都还需做深入思考与研究。本文希望能起到抛砖引玉的作用。

再议语言信息结构研究

　　我国现代意义上的修辞研究，望道先生是奠基者。望道先生生前一再教导我们说："我们的憧憬原本不是在守成，而是在创新。"① 我们应该像望老那样，不断进取，不断创新，不断开拓修辞研究的新领域。我曾在《消极修辞有开拓的空间》一文中用具体语言事实说明"从语言信息结构的视角研究分析语言里的种种修辞现象，应列入修辞研究的范围"，也是修辞研究可以进一步开拓的一个空间。然而真要做到这一点，我们必须对语言信息结构本身开展必要的研究，逐步加深对语言信息结构的认识，以促进修辞研究。本文旨在进一步探究、认识语言信息结构。限于篇幅本文仅谈以下四个问题。

---

① 参看《陈望道全集》第一卷，浙江大学出版社 2011 年版，第 376 页。

一、怎么认识"信息"？

"信息"一词使用非常广泛——信息时代、信息高速公路、信息化、信息处理、信息技术、信息管理、信息经济、信息论、信息库……那么到底怎么认识"信息"？从哲学的角度来说，物质、能量、信息被认为是自然界属于同一层次的客观存在，它们"是构成宇宙的三个基本要素"[①]；也有学者认为是"自然客体的三种属性"[②]；也有学者称之为"宇宙三基元"[③]。"物质、能量、信息三种资源中，物质资源相对比较直观，能量资源比较抽象，信息资源更为抽象。"[④]

"信息是什么？"如何给信息下定义？信息论的创始人申农（Shannon）认为，信息是用以消除随机不确定性的东西。而控制论创始人维纳（Wiener）则认为信息是我们适应外部世界进行交换的内容的名称。我国认知语言学家徐盛桓认为，语言学所说的信息指的是以语言为载体所输出的消息内容[⑤]。钟义信则指出："迄今，科学文献中围绕信息定义所出现的流行说法已在百种以

---

① 参看田爱景《关于信息能、信息学三定律与知识创新模型》，见马蔼乃、姜璐、苗东升、闫学杉编《信息科学交叉研究》，浙江教育出版社 2007 年版。

② 参看杨伟国《中外认识自然客体三种属性的进程与回顾——信息思维之刍议》，《周易与现代化》1996 年第 8 期。

③ 参看张学英《知识、科学及知识经济和信息经济的界定》，《当代经济》2004 年第 10 期。

④ 参看钟义信《从"信息—知识—智能统一理论"看信息科学》，见马蔼乃、姜璐、苗东升、闫学杉编《信息科学交叉研究》，浙江教育出版社 2007 年版。

⑤ 参看张今、张克定《英汉语信息结构对比研究》，河南大学出版社 1998 年版。

上。"① 总之，"信息是什么"事实上至今众说纷纭，莫衷一是，因为有关信息的方方面面的问题目前都还是一个问号。譬如：信息是不是物质的属性？信息是不是物质的存在方式？信息是否等于规律？信息是事物之间的差异，还是事物之间本质的、必然的联系？信息是否等价于意识？信息能否是一个哲学概念，甚至成为元哲学或第一哲学范畴？信息是否可认为是不脱离物质的形式因、动力因、目的因？信息与知识是否相同？对于人来说，信息能被如实地认识吗？信息本身是否也有进化？信息具有自己独立运动的规律吗？如果有，信息规律应包括哪些内容？信息的性质与特征到底是什么？信息是否可以分类？如何分类？依据什么分类？等等②。本文不去讨论上面这些问题。我们研究语言信息结构，目的是帮助解释语言中的种种现象，解决语言研究中的一些问题，所以我们只关心跟语言相关的一些信息问题。《现代汉语词典》将"信息"释为"信息论中指用符号传送的报道，报道的内容是接收符号者预先不知道的"。这种说法值得商榷：其一，所传送的信息不一定都是"报道"性的；其二，所传送的内容未必都是"接收符号者预先不知道的"。信息有已知信息／旧信息和未知信息／新信息，因此信息不一定都是接收符号者"预先不知道的"；信息有"有效信息"和"无效信息"之分，那"无效信息"对接收符号者来说虽然都是已知的，但也是信息。从语言研

① 参看钟义信《信息科学原理》2.1.1，北京邮电大学出版社 2013 年版。

② 参看黄小寒《对信息的提问与讨论》，见马蔼乃、姜璐、苗东升、闫学杉编《信息科学交叉研究》，浙江教育出版社 2007 年版。

究的角度说，我们将"信息"仅朴实地理解为"人用音义结合的符号传递的、让接收者知晓的内容"。稍微科学一点，也不妨可以表述为：

> 信息是人对客观存在的事物与现象，以某种音义结合的符号为载体，发送出的指令、消息、情报、数据或信号等所包含的可传递、可感知、可提取、可交换、可处理、可利用、可再生的内容[1]。

在科学发展史上，信息是较晚被发现并加以研究的。这也可以理解，因为"人类的认识规律总是从直观而逐渐至于抽象。因此，在社会发展的历史进程中，人类必然最先利用比较直观的物质资源（自古开始，不断发展），然后及于较为抽象的能量资源（近代崛起，不断深化），再至于信息资源（现代兴起）"[2]。信息的发现、对信息的研究、信息论的创立[3]，极大地推动了科学和人类社会的发展；从哲学理论上来说，突破了传统对物质、能量的认

---

[1] 这里专指人类的"语言信息"。

[2] 参看杨伟国《中外认识自然客体三种属性的进程与回顾——信息思维之刍议》，《周易与现代化》1996 年第 8 期；钟义信《从"信息—知识—智能统一理论"看信息科学》，见马蔼乃、姜璐、苗东升、闫学杉编《信息科学交叉研究》，浙江教育出版社 2007 年版。

[3] 现在一般将美国克劳德·申农（Claude Elwood Shannon，也有学者译为"香农"）誉为"信息论"的鼻祖。一般认为 1948 年香农发表的 A Mathematical Theory of Communication（《通信的数学理论》）标志着信息论的诞生，并奠定了狭义信息论的基础。

识，把物、能、信放在同一层次去思考，信息不是物质，因此信息必须有载体。物质、能量、信息这三大存在，只有"物质"是物质，能量和信息本身并非物质，它们本身不能单独存在，都必须依附于一定的载体。能量必须以物质为载体，且只有通过物质才能呈现。因此有学者甚至建立了这样一个等式[1]：

$$\text{"能量的载体"} = \text{"物质"}$$

那么信息的载体是什么？是不是也是物质？是不是也只能是物质？许多学者已经研究证明，信息的载体当然首先是物质，最常见的是以某种结构和序列所形成的，起着储存、复制或传递信息的符号系统[2]，这不妨可称为信息的"物质载体"。但是，专家们也研究指出，信息的载体不限于物质，信息本身也能成为另外一个信息的载体。"信息可以是另一个信息的载体"[3]，这可称为信息的"信息载体"。事实也是如此，例如，有人问："现在几点了？"答话说："收垃圾的卡车刚过去。"这答话实际给了问话者两个信息：甲，"收垃圾的卡车刚过去"；乙，"现在刚过七点半"。那后一个乙信息"现在刚过七点半"就是通过甲信息"收

---

① 参看杨伟国《"信息的载体"与"信息载体"差异的深思》，见马蔼乃、姜璐、苗东升、闫学杉编《信息科学交叉研究》，浙江教育出版社 2007 年版。

② 引自中国大百科全书总编辑委员会《自动控制与系统工程》，中国大百科全书出版社 1991 年版。

③ 参看杨伟国《"信息的载体"与"信息载体"差异的深思》，见马蔼乃、姜璐、苗东升、闫学杉编《信息科学交叉研究》，浙江教育出版社 2007 年版。

垃圾的卡车刚过去"来传递的，因为对话双方都知道"收垃圾的卡车每天都在七点半左右过去"。甲信息实际起了传递乙信息的载体的作用。因此我们可以确信：

"信息的载体"＝"物质载体"＋"信息载体"

"物质载体"是说信息"以'物质形态'作为载体"；"信息载体"是说信息"以'信息形态'作为载体"。杨伟国先生在《"信息的载体"与"信息载体"差异的深思》一文中第一个明确提出并论述了区分"信息的载体"和"信息载体"这两个概念的必要性（许多论著将这两个概念相混同），这无疑是很有意义的。

二、还需进一步认识"语言信息结构"

人与人之间交际，人与人之间信息的传递可以凭借多种手段。音乐、舞蹈、绘画、雕塑乃至古代的烽火、谍报人员在窗台上放的一盆鲜花，以及侦察兵运用的手势等，都可以是信息的载体，都可以用来传递信息；而最重要的一种手段，是语言文字，这是最主要的一种载体。我们所说的"语言信息结构"，就是指凭借语言符号这一载体传递信息所形成的信息结构。对"语言信息结构"虽已有所论述，不过我们对它还需进一步认识。

从语言的本体性质上来说，语言是一个声音和意义相结合的符号系统。这个符号系统服务于人与人之间的交际，它是一个复杂的适应性音义结合的符号系统。人们凭借语言所传递的信息，就是说话者对客观事物或现象的种种多姿多彩、错综复杂的感知所得。说话者要将自己对客观事物或现象的种种感知所得传递给听话者，我们推测中间会进行两次复杂的加工：

第一次是说话者在自己认知域内所进行的加工，主要是将自己通过某些感觉器官所感知形成的直感形象或直觉加以抽象、升华，由此形成意象图式；再运用内在语言将其进一步加工为概念结构、概念框架。这大致可表示如下：

ⅰ→ 客观世界（客观事物、事件或事物之间客观存在的关系等）；

ⅱ→ 通过感觉器官感知而形成直感形象或直觉；

ⅲ→ 在认知域内进一步抽象由直感形象或直觉形成意象图式；

ⅳ→ 运用内在语言[①]将认知域中形成的意象图式加工为概念结构、概念框架。

第二次是说话者根据自身的交际意图、言谈交际环境、听话人情况等的不同或变化，将自己在认知域中已形成的概念结构、概念框架运用外在语言转化为所要传递的信息。大致可表示如下：

---

① "内在语言"是乔姆斯基首先提出的概念，跟"外在语言"相对。内在语言在人脑心智之中，外在语言就是我们通常说的语言——音义结合的符号系统。

ⅴ→认知域中形成的概念结构、概念框架投射到人类语言①，形成该概念结构、概念框架的语义框架；

ⅵ→该语义框架投射到一个具体语言，形成反映该语义框架的句法格式②；

ⅶ→物色具体词项填入该句法格式，形成该句法格式的具体的句子。

人类语言中音义结合的符号，虽有语素、词、词组／短语、小句、句子等，但是正如吕叔湘先生所指出的，其中语素、词、词组（短语）属于静态单位，小句、句子属于动态单位③。吕先生的说法是有道理的，符合语言实际情况。实际上我们听到的就是小句、句子、句群、篇章，至于语素、词、词组（短语），那是语言学家为研究语法从小句、句子、句群、篇章中自上而下分析出来的。因此，能用来传递信息的只能是动态单位小句、句子、句群、篇章等。而言语表达的基本单位是句子。因此，只有句子信息结构或篇章信息结构之说，没有"语素信息结构""词信息结构"或"词组／短语信息结构"之说。句子是由词"组合而成"的，所以人们常说"词是句子的建筑材料"。要运用外在语言系统中的动态单位句子来传递说话者要想传递的信息，得解

---

① 指内在语言。

② 包括核心结构和边缘结构的句法格式。边缘结构里的句法格式称之为"构式"。

③ 参看吕叔湘《汉语语法分析问题》，商务印书馆 1979 年版。吕先生认为"一般讲语法只讲到句子为止"，句群、篇章、段落的分析"是作文法的范围"，所以他未将句群、篇章列入动态单位。

决好两个问题：第一个问题是"作为句子的建筑材料的词如何组合成句"来为传递信息服务？第二个问题是如何确保信息传递的清晰性、连贯性、稳定性、顺畅性？我们知道，传递一个复杂的信息，往往需要用到十几个乃至更多的词，假如只是孤立地列出一个一个的词，一方面孤立的词义不能形成关联语义，更无法生成句义，另一方面就量上而言也会受到人的认知域的记忆功能"7±2"的受限程度的制约。因此，借以传递信息的句子，其内部所包含的若干个词，必须依据所传递的信息的复杂程度，进行层层打包、组块，最好还能给个标记。

譬如，要传递一个"存在"事件。说到"存在"，必然有个存在物，也必然有个存在的处所，还要有将存在处所与存在物之间相联系的链接成分。现代汉语里最典型的存在句是"处所成分+'有'+'（数量）名'成分"那样的存在句，填入具体的词语便产生一个个存在句。那动词"有"实际起着链接的作用。例如：

（1）床上有病人。
（2）床上有被子。

这就是说，按照汉人的民族心理，要传递一个存在事件的信息，习惯于将存在处所作为话题置于句首，将存在物作为传递他人的主要信息（可称为"句子的信息焦点"）置于句尾。我们将例（1）、例（2）存在句记为甲类存在句。如果要同时表明存在物是以何种状态或方式存在着的，现代汉语里就将那链接成分换为"动词 + '着'"（亦可改写为"V 着"）。例如：

（3）床上躺着病人。

（4）床上叠着被子。

那"V 着"实际同时起着链接的作用。我们将例（3）、例（4）
存在句记为乙类存在句。上述存在句可表示如下：

	存在处所	链接	存在物
甲	NP$_L$	有	NP
	床上	有	病人。
	床上	有	被子。
乙	NP$_L$	V着	NP
	床上	躺着	病人。
	床上	叠着	被子。

链接部分的语形长度是有限的；而表示存在处所和表示存在物的
语形长度可以因为"要求指示得尽可能清楚明白"而很长。例如：

	存在处所	链接	存在物
甲	NP$_L$	有	NP
	张三前天刚从王府井买的床上	有	一个发着高烧的病人。

	张三前天刚从王府井买的床上	有	三床红锦缎被面的新被子。
乙	NP$_L$	V着	NP
	张三前天刚从王府井买的床上	躺着	一个发着高烧的病人。
	张三前天刚从王府井买的床上	叠着	三床红锦缎被面的新被子。

从理论上来说，在"床上""病人""被子"前还可以加限制性或修饰性成分。然而，再怎么长也始终会将指明"存在处所"的词语看作一个整体，将指明"存在物"的词语看作一个整体，始终让句子保持"存在处所—链接—存在物"这样一个词语链，也可以说是"语块链"。这样就便于信息接受者解码理解。这里有个问题：为什么词语再多还是能保持三块呢？那是因为有标记在那里指示。什么标记？就是"有"和"V着"——只要在"有"或"V着"这标记之前是个处所成分，在这标记之后又有个表示事物的"数量名"成分，就只能是传递"存在"事件的信息①。学界有"标记"论之说，一般将标记视为一种语言现象。事实上，表面看是语言现象，实质上还是特殊的"信息传递标记"，服务于信息传递。因此说，语言之所以是一个具有层级性的复杂的

---

① "NP$_L$+V着+NP"是个歧义句式，所以对"NP$_L$+V着+NP"句式来说，不一定只能表示"存在"信息。关于"NP$_L$+V着+NP"歧义之说，可参看朱德熙《"在黑板上写字"及相关句式》§4C$_1$和C$_2$，《语言教学与研究》1981年第1期。

符号系统，就是由"传递信息"这一语言的最本质的功能所决定的。

　　总之，语言最本质的功能是传递信息，语言是传递信息的主要载体。现在一般认为，语言信息结构应包含"句子信息结构"和"篇章信息结构"两大类。句子信息结构是语言信息结构最基本的结构。"句子信息结构"跟语言中的"小句、句子"相对应；"句子信息结构"以上的大小信息结构统称为"篇章信息结构"，这是一种"跨句的信息结构"，跟"句群、段落、篇章"相对应。实际上在人与人的交际中，信息的传递主要或者说大量的是凭借篇章信息结构。前面曾举过这样一个例子：

　　（5）有人问：现在几点了？

　　　答话说：收垃圾的卡车刚过去。

例（5）这一问一答的对话本身就构成一个语篇。"有人问"的询问通过"答话说"的回答，获知了所要问的时间信息。再看例（6）[①]：

　　（6）医师：今天 Ø[膝盖] 怎么样？

　　　笔者：喔，我膝盖，教堂没有开会。

例（6）读者对"笔者"的答话会感到茫然，但"医师"明白，

---

① 该例引自屈承熹《话题的表达形式与语用关系》，见徐烈炯、刘丹青主编《话题与焦点新论》，上海教育出版社2003年版。

因为上一次问诊时有过这样的对话：

> （7）医师：今天 Ø[膝盖] 怎么样？
>
> 　笔者：Ø[膝盖] 还是有点儿痛，因为今天早上教堂开
> 　　　　了个很长的会，会议室的冷气冷得不得了。

这两个例子所传递的信息都不是仅仅依靠句子信息结构，都是凭借篇章信息结构。这说明，研究语言信息结构，既要研究句子信息结构，也要甚至更要研究篇章信息结构。

三、语言信息结构和信息流（information flow）

　　凭借语言的小句、句子、句群等语言的动态单位所传递的信息会形成一个像流水那样的"信息流"。information flow 这一术语，在国外功能语言学界广为使用。功能语言学派认为，语言的功能就是传递信息，就是将信息由言者 / 作者传递给听者 / 读者。而在交际的过程中，不同的概念无论在信息传递者言者 / 作者的大脑里，还是在信息接受者听者 / 读者的大脑里，都处于动态的认知状态。因此凭借语言这一载体传递信息形成"信息流"是很自然、很容易理解的。Chafe 使用了"信息流"这个术语，但包括 Chafe 在内的功能语言学界对"信息流"没下明确的定义。Chafe 一直关注意识在语言使用中的地位，因此他更多的是从意识这一视角来识解"信息流"。他认为，意识具有动态性，这种

动态性体现在信息与信息的不断更替上。思维的组织和传递与语言密切相关，正是思维把语言一步步向前推进。因此 Chafe 说"语言是一个动态的过程"，只是一般人感觉不到罢了；对于使用中的动态语言我们可以用"流动的小溪这一隐喻"来加以描写。这条小溪从某个角度说也可理解为"思维流"，正是思维把语言向前推进。Chafe 也很注重语篇分析，因此他又认为，语篇分析实际就是探究并明确使思维流朝着特定方向流动的"驱动力"。

那"信息流"里到底会包含哪些成分？以往谈到信息，一般都只谈论已知/旧信息、未知/新信息。Chafe 则提出了三种不同性质的信息：

活性信息：即已经激活的信息，也就是已知信息；

非活性信息：即原来没有激活的信息，也就是未知信息；

半活性信息：即原来是半激活的信息，也就是"可推知信息"。

这对研究语言信息结构有启迪。事实上对于"信息流"应探究其中到底会包含多少、会包含哪些不同的信息元素？这是需要深入探究的问题。就目前的认识而言，我们认为，在信息流中，一般会包含如下的信息元素：

（a）说话者所要谈论的话题；

（b）说话者最想要传递的、对听话者来说是未知的新信息；

（c）说话者所传递的、对听话者（即接受信息者）来说是属于已知的信息；

（d）说话者所传递的、对听话者来说可推知的信息；

（e）所传递的信息都会有一个信息焦点，如果那信息焦点属于"非常规信息焦点"，那一定会有"焦点标记"那样的信息元素；

（f）为使听话者便于了解与明白所传递的信息而附加的某些背景信息；

（g）为表明不同人际关系而所附加的种种情态信息；

（h）为确保所传递的信息前后能衔接并顺畅传递而附加的衔接性信息；

（i）某些标记性信息元素；

……

在信息流中，这众多的信息元素显然不会共处在一个层面上。这样，信息流中这众多的信息元素也必然要加以组合，以便使信息流具有结构的性质，从而确保信息传递的顺畅性、连贯性、清晰性、稳定性。至此，我们大致可以这样来界定"语言信息结构"：

语言信息结构是指在人与人之间进行言语交际时，凭借语言这一载体传递信息所形成的由不在一个层面上的种种信息元素组合成的以信息流形态呈现的一种结构。

不言而喻，语言信息结构如同语言一样，也会有它自己的结构系统和内在规律。不过目前我们对语言信息结构认识得还不是很清楚，仍需深入探究。

四、"话题"与"主语"何以会纠缠？

句子信息结构，现在一般公认由"话题"和"评述"两大部分构成。现在对于语言信息结构讨论得比较多的还是"话题"。

说到话题，人们就会联想到句子的"主语"，特别是讨论汉语的话题。按说"话题"和"主语"是不同领域、不同层面的概念——话题是由语言传递的信息所形成的"信息流"这一信息结构的重要组成部分；主语是语言句法层面中"主—谓"式句子结构的重要组成部分。这两个概念怎么会纠缠不清？我们认为主要是某些有影响的说法把人们的认识搞糊涂了。

在汉语语法学界，大家最早是从赵元任先生《中国话的文法》一书中知道"话题"这个概念和术语的。赵先生在该书的 2.4 The Grammatical Meaning of Subject and Predicate（主语和谓语的语法意义）这一小节里明确地说：

The grammatical meaning of subject and predicate in a Chinese sentence is topic and comment, rather than actor and cation.（在汉语里，把句子中的主语和谓语的语法意义理解为"话题"和"评论"比看作"动作者"和"动作"更为合适。）

他还举例来证实自己的观点①。现代汉语语法学界最先接受赵先生观点的是朱德熙先生。朱先生于 1982 年在商务印书馆出版的《语法讲义》7.1"主语和谓语"这一节中说:"说话人选来做主语的是他最感兴趣的话题,谓语则是对于选定了的话题的陈述""说话人选来作话题的往往是他已经知道的事物。"从此赵先生这一"汉语的主语就是话题"的观点立刻为我国现代汉语学界所接受。尽管人们也意识到主语是语法结构上的概念,话题是语言表达上的概念,但还是都将它们归入语言范畴,由此就形成了"主语话题等同"观。

Li & Thompson 从语言类型学的视角,将语言区分为两大类型:主语优先语言(如英语)和话题优先语言(如汉语)。他们认为,"话题—评述"结构是汉语的一种基本句子结构,在描写汉语句子结构时,除了"主语""宾语"这种语法概念外,还应包括"话题""评述"这样的基本概念。注意,他们认定"话题—评述"结构是汉语的一种"基本句子结构"。

---

① 现在一般都认为,最早敏锐地发现汉语句子的这种特性的是赵元任先生;其实,最早发现此汉语特性的是陈承泽先生。他于 1922 年由商务印书馆出版了《国文法草创》一书,书中一开始就强调"研究中国文法"应是"独立的非模仿的"。"何谓独立的非模仿的?"陈承泽先生在说明时首先就提出了"标语—说明语"之说,并认为其是"国文所特有者"。陈先生说,汉语"文法上发展之路径,与西方异"。他以"鸟吾知其能飞"为例,说明汉语有不同于"主语—谓语"的"标语—说明语"结构,上例中之"鸟"即为"标语"。他所说的"标语"就是现在我们所说的"话题",他所说的"说明语"就是现在我们所说的"评述"。由于《国文法草创》并未谈论句法,所以陈承泽先生未能对"标语—说明语"之说作进一步具体说明,学界也鲜有人知。

Lambrecht 是语言信息结构研究的主要学者之一。Lambrecht 认为信息结构是句法的一个层面。"话题"是一个"话语概念"，同时也是个"语法概念"。他举了下面的句子：

（8）The children went to school.

Lambrecht 认为这是个主谓句，同时也可以是但不一定是一个"话题—述题"结构[①]。

徐烈炯、刘丹青也明确表示"我们把话题看作一个句法结构的概念"，"从成分分析的角度看，话题与主语、宾语一样是句子的基本成分"；他们甚至提出了"句法话题"之说[②]。

陈平一方面承认"'话题—陈述'结构本质上属于话语和语用范畴"，另一方面又接受 Gundel 的"句法话题"之说。他认为句子的形式和意义可以从许多不同的角度进行分析，除了句法结构、语义结构、韵律结构等等以外，所谓信息结构也是句子组织的一个重要方面[③]。徐杰将"话题"作为一个句法特征来看待，认为"'主语'和'话题'是性质完全不同的语法范畴，前者是一种普通的句法成分，跟'主语''宾语'等句法成分同类，而后者原本是一个语用概念，它进入形式语法的运算系统后即转化为

① 转引自徐烈炯、刘丹青《话题的结构与功能》，上海教育出版社 1998 年版，第 11 页。

② 参看徐烈炯、刘丹青《话题的结构与功能》，上海教育出版社 1998 年版。

③ 参看陈平《汉语双项名词句与话题—陈述结构》，《中国语文》2004 年第 6 期。

一个语法特征［+TOP］"①。

上述有影响的学者的论述都明显地不愿扯断"话题""话题—评述"结构跟语法/句法的关系，而且一般学者也都如此认识②。而上述观念致使汉语学界对"话题""话题—评述"结构认识更不清楚。汉语语法学里的"主语"借用自印欧语（主要是英语）的 subject。众所周知，印欧语是"形态语言"，在"形态语言"里，作为一个句子，其谓语核心动词必须是"定式动词"（Finite verb）；定式动词具体形式要根据主语的性、数、格来限定，同时还得受时态、情态、语态的制约。下面是英语的例子：

（9）John reads this book every day.（约翰每天阅读这本书。）

（10）John is reading this book.（约翰正在阅读这本书。）

例（9）主语是 John，为第三人称、单数，句子所说事件为"一般现在时"（指经常、反复发生的动作或行为及现在的某种状况），依据英语内在句法规律，这决定谓语核心动词的具体形式得取 reads（在原形动词 read 后加后缀 –s）；例（10）主语是

---

① 参看徐杰《主语成分、"话题"特征及相应的语言类型》，见徐杰主编《汉语研究的类型学视角》，北京语言大学出版社 2005 年版，第 299—333 页。

② 梁源于 2005 年在《中国语文》第 3 期上发表的《语序和信息结构：对粤语易位句的语用分析》一文就这样说："一个充分的语法体系，除了包括形态、句法、语义和韵律等结构外，还应该包括信息结构，用以处理说话人的心理预设和句子的形式结构之间的关系。"显然梁源认为信息结构应涵盖在"语法体系"之中。

John，为第三人称、单数，句子所说事件为"现在进行时"，这决定谓语核心动词的具体形式得取 is reading（在原形动词 read 前加 to be 的第三式单数 is，后加后缀 –ing）。主语和谓语的一致关系体现得很清楚。再看俄语"一般现在时"的例子：

    a. Каждый день я читаю эту книгу.

        （我每天看这本书）

    b. Эту книгу ты каждый день читаешь？

        （你每天阅读这本书吗？）

    c. Каждый день он читает эту книгу.

        （他每天阅读这本书。）

    d. Каждый день мы читаем эту книгу.

        （我们每天阅读这本书。）

    e. Эту книгу вы каждый день читаете？

        （你们每天阅读这本书？）

    f. Каждый день они читают эту книгу.

        （他们每天阅读这本书。）

    很清楚，俄语句子主语人称、单复数不同，句子的谓语核心动词所取的具体形式各异。

    显然，印欧语里的主语受制于"主谓一致关系"这一法则。

    印欧语在语态上还有主动态和被动态之分。上面所举的例（8）—（10）在英语里属于主动态句子，主语是行为动作的施事

（agent）。如果是被动语态，行为动作的受动者（patient，一般称为"受事"）做主语，谓语动词部分的具体形式就取"be+ 动词的过去分词"。例如：

（11）This book is read by John every day.

（这本书每天由约翰阅读。）

（12）This book is reading by John.

（这本书正被约翰阅读着。）

如果句首名词语跟谓语核心动词不存在形式上的一致关系，那么这个名词语即使为动词的一个论元，即使居于句首，也不视为主语。例如：

（13）This book John is reading（it）.

（这本书约翰正阅读着。）

例（13）句首的 This book 是句子谓语动词 read 的受事论元，虽居于句首，可是大家不将它视为主语。因为例（13）的谓语 is reading 是和主语 John 保持形式上的一致关系，跟 this book 不存在形式上的一致关系。那么 This book 该看作什么呢？看作话题，在语法上 This book 是"倒装宾语"，为了让它作话题而移至句首。

于是，西方语法学者大多对例（11）、例（13）都这样看——例（11）属于被动句，其中的 This book 是主语，不是话题，因为它跟句子谓语核心动词存在着一致关系；例（13）里的 This book 是话题，不是主语，因为它跟句子谓语核心动词不存在一致关系，例（13）还是属于主动句。印欧语里主语和谓语之间的一致关系就清楚地呈现在形式上。汉语是"非形态语言"，即使是典型的主谓句（如：张三喝了杯龙井茶），也并不在形式上呈现主语和谓语的一致关系。汉语语法学借用了英语里 subject 这一术语，并翻译为"主语"；其实，汉语的"主语"已经跟印欧语里的 subject 根本不是一码事了。如今这已成为汉语语法学界的共识。其实吕叔湘先生早在《汉语语法分析问题》里就指出，汉语里在一定程度上，宾语和主语可以互相转化。"写完了一封信"⇆"一封信写完了"之类的例子不用说，更能说明问题的是下面这种例子 [①]：

> （14）西昌通铁路了：铁路通西昌了 | 这个人没有骑过马：这匹马没有骑过人 | 窗户已经糊了纸：纸已经糊了窗户 | 竞争和战争，争霸和称霸，充满了帝国主义整个历史进程：帝国主义整个历史进程充满了竞争和战争，争霸和称霸

这样一来在语言学界就出现了如何区分主语和话题的讨论，见仁见智，众说纷纭。

其实，必须认清，正如我们一开始所说的，主语和话题是

---

① 吕叔湘的观点和具体例子均引自吕叔湘《汉语语法分析问题》，商务印书馆 1979 年版，第 83 页。

不同领域、不同层面的概念——话题是语言所传递的信息形成的"信息流"里的信息结构的重要组成部分；主语是语言句法结构中"主—谓"式句法结构的重要组成部分。按这一观点，那么就英语而言，上面所举的例（9）、例（10）和例（11）、例（12），即：

(9) John reads this book every day.

（约翰每天阅读这本书。）

(10) John is reading this book.

（约翰正在阅读这本书。）

(11) This book is read by John every day.

（这本书每天由约翰阅读。）

(12) This book is reading by John.

（这本书正被约翰阅读着。）

其中之 John 和 This book，从句法层面看是主语，从信息结构视角看也可视为话题。而例（13），即：

(13) This book John is reading（it）.

（这本书约翰正阅读着。）

其中的 This book，从句法层面看不是主语，它是信息结构的话题。

至于汉语，就按赵元任先生的说法，主语就是话题。不过大家对"汉语，主语就是话题"之说只是认识到汉语的"主语"

跟印欧语的 subject 不是一码事，而本质上还不能区分"主语"和"话题"。实际上大家接受的是"话题主语等同"说，这从上面提到的吕叔湘先生的看法中可以看到这一点。朱德熙先生说得更清楚：

> 说话人选来作主语的是他最感兴趣的话题，谓语则是对于选定了的话题的陈述。

显然，大家并没有真正认识到主语和话题是属于不同层面的两个概念。我们认为，虽然汉语在句子平面句法规则和语用规则的界限并不清楚[①]，但是对于"主语"就是"话题"的正确认识还应该是本讲开头所说的：

> "话题"跟"主语"，是不同领域、不同层面的概念。话题是语言所传递的信息形成的"信息流"里的信息结构的重要组成部分；主语是语言句法层面中"主—谓"式句子结构的重要组成部分。

也就是说：说"主语"时，是从句法层面说的；说"话题"时，是从句子信息结构层面说的。

　　不过话还得说回来，就汉语而言：1）不一定所有的主语都是

---

① 参看陆俭明《汉语句法研究的新思考》，见《语言学论丛》第二十六辑，商务印书馆 2002 年版。

话题；周遍性主语句里的主语就不是话题；陆丙甫认为："周遍性成分具有话题和状语的双重性。"① 2）反之，不一定所有的话题都是主语，譬如有介词"关于""对于"组成的介词结构居句首时，大家都分析为状语，但它是关于话题的表述。例如：

（15）关于鲁迅的杂文我没什么研究。

（16）对于言情小说她不感兴趣。

例（15）里的"关于鲁迅的杂文"，例（16）里的"对于言情小说"，在句法上都分析为状语，可是从句子信息结构看，它们都是关于话题的表述②。

总之，必须分开句法层面和句子信息结构层面，这样话题和主语就不会纠缠了。

五、需进一步探究的问题和眼前要做的研究

需进一步探究的问题大致有：

1）从语言研究的角度说，我们如何定义"信息"？

2）语言信息流里到底会包含多少、包含哪些信息元素？

---

① 参看陆丙甫《周遍性成分具有话题和状语的双重性》，见徐烈炯、刘丹青主编《话题与焦点新论》，上海教育出版社 2003 年版，第 83—96 页。

② 句子里可以不止一个话题，参看徐烈炯、刘丹青《话题的结构与功能》，上海教育出版社 1998 年版。

3）语言信息结构与语言句法结构到底是什么关系？

4）句子信息结构的基本模式到底是什么样的？如何分析句子信息结构？是否允许话题与焦点倒置的句子信息结构？

5）在句子信息结构中只允许有一个话题，还是可以有多个话题？同样，在句子信息结构中只允许有一个焦点，还是可以有多个焦点？

6）人类语言信息结构应该有共性，其共性是什么？各不同语言的信息结构，如汉语信息结构、英语信息结构、日语信息结构等，各有个性，其个性特点主要体现在 / 表现在哪里？

7）语言信息结构是否也如同语言那样存在类型的差别？

8）就句子信息结构而言，该有多少信息传递准则？

9）篇章信息结构的边界在哪里？该如何研究篇章信息结构？

10）如何构建语言信息结构的理论体系？

眼前要做的研究有：

1）深入进行汉语信息结构研究，包括句子信息结构研究和篇章信息结构研究。重点探究凭借汉语载体传递信息必须遵循的准则。

2）开展两种甚至多种语言的语言信息结构比较研究以探究不同语言信息结构的共性和个性，进而探究语言信息结构是否也有类型差异。

语言研究伴随我一生

国内外许多人都问我："你是怎样走上语言研究道路的？"我的回答就一句话：我走上语言研究的道路可以说是"服从组织分配的结果"。

我 1949 年 9 月就读于崇明民本中学，直至 1955 年高三毕业。1955 年考大学时，我原准备报考清华大学电机系，但在填报志愿时，我们校长和班主任来动员我考文科，说"现在国家需要文科人才，你语文学得不错，文笔也可以，希望你报考文科"。我二话没说，毫不犹豫地改变了报考志愿。我有幸考入了北京大学中文系汉语言文学专业，想的是以后能当一名作家。可是进校后的中文系迎新会上，系主任杨晦先生先说了几句表示欢迎的话，马上话锋一转说，"你们来北大中文系都是想以后当作家的吧，我现在要给你们泼一盆冷水，中文系不培养作家。你们以为作家那么好当啊？作家是要深入工农兵有丰富的社会生活的，学校是培养不出作家的。北大中国语言文学专业是要培养从事文学、语言研究的学者。"当时心想，作家当不成了，研究文学也行啊。我们年级总共 103 个同学，分为三个班——一班、二班、三班。一二年级文学、语言不分，都在一起上大课。除了政治课、中国通史课、逻辑课、俄文课之外，有三门文学方面的基础课（中国文学史、文艺学引论、中国民间文学）和三门语言学方面的基础课（古代汉语、现代汉语、语言学概论）；到三年级才分文学班、语言班。在二年级结束进行分班时，中文系党总支书记动员我说："现在没有人报语言班，你语言学方面的成绩都不错，再说你是预备党员，能不能带个头报语言班？"我也二话没说，毫不犹豫地报了语言班。最后进入语言班的有 18 个同学，称为"四班"。就这样我就进入了语言学这个领域学习。

"国家的需要就是我们的志愿"，可以说这是我们这一代人的普遍想法。

我的学术生涯是从学生时代开始的。北大中文系名教授云集，并且有个延续至今的好传统，那就是名教授都面向本科生上课。当时汉语方向的王力、魏建功、高名凯、岑麒祥、袁家骅、周祖谟、杨伯俊、林焘、朱德熙等诸位先生都是知名学者，他们都承担了汉语言学方面的本科生课程。在各位大师的引领下，我逐渐对语言研究产生了兴趣。在本科学习期间，我参与了两项集体科研——一项是 1958 年"大跃进"年代，我们语言班在魏建功和周祖谟两位先生的指导下，奋战 40 天，编写了一本《汉语成语小词典》。这本小词典自 1958 年出版后，一直得到社会的欢迎和好评，发行量已过亿，一届又一届的中小学生几乎人手一册。另一项是，随后我们又跟 1957 级语言班合作编写了《现代汉语虚词例释》，中文系汉语方面的教授、副教授几乎都参加了审阅。这是我国第一部以丰富的实例全面而又详细地讲解汉语虚词意义和用法的工具书，至今仍是虚词研究的重要参考书。在这两项集体科研中，我们班形成了一种可贵的在集体科研中所需要的协作精神和直率的学风，我们每个同学都受到了一次扎实而又严格的科研训练。正是这种科研训练让我在本科大四时就在《中国语文》（1959 年 10 月号）上发表了我的处女作《现代汉语中一个新的语助词"看"》。当时我看到《现代汉语》教材上将"试试看"说成连动结构，又看到一本语言学论文集中将"看看看"视为动词"看"的三重叠形式的例子。我持怀疑态度，觉得"试试看"和"看看看"里后边的那个"看"不像是动词了。于是我先搜集现代汉语里这种"看"的用例，又考察了近代汉语里"看"的使用情况，大量语料说明，这个"看"从语音形式到意义确实都已演变为读轻声、表示试探语气的语助词了。我就把我的考察、研究所得写成文章寄给了《中国语文》。没想到《中国语文》很快就刊用了。这是我的处女作，对我鼓舞很大。

要说我真正走上语言研究的道路，这跟整个北大的学术环境，特别是跟老师们对我的影响与引导分不开。北京大学有一个极好的学术传统，那就是科学和民主。这是学术发展必不可少的重要条件。北大还有极为良好的学术环境，那就是浓厚的学术氛围和那种"勤奋、严谨、求实、创新"的学风；而我们中文系老一辈的先生们，无论是文学的还是语言学的老先生们，他们渊博的学识，严谨、求实、创新的治学精神，都给了我深深的教育与影响。而其中，我的老师朱德熙先生对我的影响尤其大。朱先生写文章从构思到文字落笔总是反复思考、反复推敲、反复修改；稿子写就后，并不马上发送出去，常常先拿给他的挚友——他西南联大的同班同学李荣先生过目提意见；也常常会给我们后生看，要我们提意见。然后他再反复琢磨、修改，直到自己满意为止。朱先生曾对我们这样说过："你们不要以为我写文章是很容易的，其实每写完一篇文章，我就有像脱了一层皮的感觉。"朱先生是大家公认的汉语语法学界的领军人物，可朱先生从不以权威自居，跟我们总是平等对话。我们向朱先生请教，将自己的习作送去请朱先生指正，他总是热情接待，以平等的态度解答我们所提出的问题，细致批阅我们的习作，从内容到文字，而且直率地向我们提出意见和修改建议；而朱先生有什么新的想法也会提出来跟我们讨论。我和其他一些与我同龄或比我们年轻的老师就是这样在朱先生的引导下，逐步走上了语言研究的道路。此外，在北大，国内外的学术交流十分频繁，几乎每周都有各种精彩的学术报告，能让我们了解到各个方面的学术动态和不同的学术观点；北大又有居全国前列的图书馆，图书资料特别丰富，这些都为我们从事教学和学术研究提供了优越的条件。

我主要从事现代汉语语法研究。语言研究的目的任务主要有四个：一是尽可能充分地考察、描写语言事实，以解决"是什么"的问题；二是对各种语言现象作出尽可能科学、合理的解释，以解决好"为什么"的问题；三是为语言应用服务；四是描写也好，解释也好，应用也好，都力求从中总结、归纳、概括出规则来，并升华为理论，以构建语言描写、语言解释、语言应用诸方面的理论框架与系统，以便进一步指导方方面面的语法研究与实际应用。以上所说的四方面，也是现代汉语语法研究的目的任务。我的学术生涯也只是在搞好现代汉语教学的同时在这四方面做了一些研究工作。

一是对语言事实的考察描写。我早期比较多的精力是放在考察描写一些语法现象方面，这包括（一）某些词语用法的考察描写，如《"还"和"更"》（1980）、《"更加"和"越发"》（1981）、《副词独用刍议》（1982）、《副词独用考察》（1983）、《现代汉语里的疑问语气词》（1984）、《数量词中间插入形容词情况考察》（1987）、《说"年、月、日"》（1987）、《说量度形容词》（1989）、《表疑问的"多少"和"几"》（1990）和《从量词"位"的用法变异谈起》（2007）等；（二）某些句法格式的考察描写，如《由"非疑问形式＋呢"造成的疑问句》（1982）、《"的"字结构和"所"字结构》（1983）、《关于"去＋vp"和"vp＋去"句式》（1985）、《"V来了"试析》（1989）、《"VA了"述补结构语义分析》（1990）、《"这是……"和"这个是……"》（1999）等；（三）其他某些语法现象的考察描写，如《汉语口语句法里的易位现象》（1980）、《由指人的名词自相组合造成的偏正结构》（1985）、《周遍性主语句及其他》（1986）、《汉语句法成分特有的套叠现象》（1990）、《动词后趋向补语和宾语的位置问题》（2002）和《确定领属关系之我见》（2004）等。通过考察描写，纠正了前人的某些说法，例如我的《由"非疑问形式＋呢"造成的疑问句》一文就纠正了先前学界将"我的帽子呢？""明天下雨呢？"这类"由'非疑问形式＋呢'造成的疑问句"只看作是特指问句的省略形式（省略疑问代词）的看法。在考察描写中，我也总结出了一些规律性的东西，例如《由指人的名词自相组合造成的偏正结构》一文比较有说服力地总结出了"由指人的名词自相组合成偏正结构"所严格遵循的一些规则。在考察描写中，也从中提炼出了一些新的思想，例如《周遍性主语句及其他》一文提出了汉语中"主语"跟"话题"的不对等——汉语中的主语不一定都是话题，汉语中的话题也不一定都是主语。再如《从量词"位"的用法变异谈起》，通过对量词"位"新出现的用于第一人称的用法的考察分析，提出了在国外会话交际理论中所没有的"应答协调一致性原则"。

二是在语言应用方面进行了一些思考与研究。大家知道，科学研究的最终目的是为了服务于人类的应用需要。语言研究、语法研究也不例外。90年代后，特别是进入21世纪之后，我更多的精力是放在语言应用方面的思考。主要是在下面几方面做了些具体的研究——（一）有关中小学的语文教学的思考；（二）有关"汉语作为外语教学"的汉语教学（最早称为"对外汉语教学"，后改称为"汉语国际教育"，现称为"国际中文教育"）的思考；（三）有关中文信息处理以及信息化、数字化的思考。上述三方面我都撰写、发表了一些论著。

除此之外，也对语言应用研究进行了一些宏观的思考，发表了《汉语言文字应用面面观》（2000）、《汉语的应用研究是汉语本体研究的试金石》（2000）、《跨入新世纪后我国汉语应用研究的三个主要方面》（2000）、《现代汉语应用研究》（2005）、《树立"新时代"意识 做好语言服务研究》（2018）等文章。

三是对语法研究的理论方法进行了一定的思考。在我现代汉语语法研究生涯中，一直没有停止过对理论方法的思考。我对语法研究理论方法的思考，源于两方面——一是参与学界有关方法论方面的讨论，如《"的"的分合问题及其他》（1965）、《分析方法刍议》（1981）等。二是出于对某些语法现象的解释，如2010年发表《语义和谐律》，提出了"语义和谐律"之说；同年发表了《相同词语之间语义结构关系的多重性》，发现并揭示"词语之间语义关系的多重性"，依据该理论解释了许多语法现象；在充分肯定、合理吸收"构式语法理论"和"语块理论"的前提下，我发表了数篇文章，并创建了一种新的句法分析法，即"构式—语块"句法分析法，这一分析法已在汉语教学中见成效；我依据汉语事实，提出了一条新的会话原则："应答协调一致性原则"，从而补充了当代前沿的会话原则理论。特别是，我先后发表了十来篇文章，提出并强调要开展语言信息结构方面的研究，运用语言信息结构的理论思想解释了汉语的某些语法现象。除此之外，我对某些当代前沿理论的一些说法，或提出了自己一些不同的看法，或提出了一些进一步值得思考的问题——对学界关于隐喻和转喻的 projection（投射）或 mapping（映射）之说，我发表了《隐喻、转喻散议》（2009），提出不同看法，认为隐喻也好，转喻也好，都不是 projccction（投射）或 mapping（映射），而是 activate（激活），并从大量的语言事实和理论两方面进行了阐述。对构式语法理论里的"构式压制"（constructional coercion）说也提出不同看法，2022 年发表《评述构式语法理论中的"coercion"（压制）说》一文，正面提出"词项内因作用"说；对认知语言学的"有界/无界"说，提出了深一层的思考：在"盛碗里两条鱼"这类结构里为什么只能采用"前加数量词"这一"有界化"手段？每种"有界化"手段出现的条件是什么？某种"有界化"手段为什么只能在这种条件下起作用，不能在那种条件下起作用？如果多种手段能在同一种条件下起作用，那么它们各自在表达上或者说在信息的传递上又有什么特殊性？

有关语法研究理论方法之思考与研究，基本上都是伴随着教学进行的，其研究成果充实、更新了教学内容。先后在北京大学出版社出版了《现代汉语语法研究教程》（2003, 2004, 2005, 2013, 2019）与《汉语和汉语研究十五讲》（2003, 2004; 跟沈阳合著）。《现代汉语语法研究教程》（初版）随即于 2005 年在韩国出版了韩文译本；《现代汉语语法研究教程》（第五版）荣获教育部全国优秀教材二等奖，并于 2023 年被国家出版基金会推荐为外译本。《汉语和汉语研究十五讲》于 2021 年在日本出版了日文译本。

语言研究伴随我一生。越到晚年，越觉得语言研究，尤其是语法研究，包括本体研究和应用研究，都有无穷的乐趣。如今我虽已年过米寿，但还是每天在读报看书，不断思考，笔耕未停。我的新著《话说汉语词类问题》即将在商务印书馆出版。